MORIR CON AMOR

CRISTINA LLAGOSTERA

Morir con amor

Testimonios inspiradores de personas
que se fueron en paz

URANO
Argentina – Chile – Colombia – España
Estados Unidos – México – Perú – Uruguay

1.ª edición Marzo 2022

Copyright © 2022 Cristina Llagostera Yoldi
All Rights Reserved
© 2022 *by* Ediciones Urano, S.A.U.
Plaza de los Reyes Magos, 8, piso 1.º C y D – 28007 Madrid
www.edicionesurano.com

ISBN: 978-84-17694-63-0
E-ISBN: 978-84-19029-33-1
Depósito legal: B-1.250-2022

Fotocomposición: Ediciones Urano, S.A.U.

Impreso por: Rodesa, S.A. – Polígono Industrial San Miguel
Parcelas E7-E8 – 31132 Villatuerta (Navarra)

Impreso en España – *Printed in Spain*

A las personas que nos enseñan a vivir
y a morir compartiendo su historia.

A Josan por su amor,
su acompañamiento y su guía.

A mis padres,
por ser fuente de inspiración para mí.

CONTENIDO

TESTIMONIOS

PRÓLOGO

Agradezco a Cristina la invitación al bautizo de esta criatura que acaba de dar a luz y que intuyo tendrá un largo y provechoso recorrido. La riqueza de vida y la sabiduría, que se desprenden de la autenticidad de las experiencias contadas y las reflexiones que las acompañan, merecen ser aprovechadas.

El libro me ha parecido como un ramo de flores que nos presenta experiencias vívidas y genuinas, de diferentes formas, colores y texturas, y a menudo conmovedoras, que nos transmiten el perfume de la autenticidad. Unas historias que nos invitan a asomarnos de forma privilegiada a momentos trascendentes de la vida de algunas personas, que generosamente nos muestran la intimidad de sus biografías.

La experiencia clínica y humana de la autora, su amplia formación académica en psicología y su conocimiento de las tradiciones de sabiduría, junto a su prosa cuidada y fluida, nos ofrecen una oportunidad única. Al tratar el proceso de morir con naturalidad, sencillez y profundidad, la autora nos ayuda a desmontar los tabúes y miedos socialmente compartidos y a aprender algunas lecciones de vida, las que se desprenden aquí en la frontera del misterio que supone el proceso de morir.

Igualmente, los comentarios y las explicaciones con referencias bibliográficas que acompañan los testimonios hacen de este texto una herramienta útil tanto para los profesionales clínicos como para cualquiera que tenga interés académico por el tema.

Se han escrito bastantes textos sobre el proceso de morir. Este destaca por su enfoque, que parte de historias reales, para tejer una comprensión humana que nos llega a través del relato auténtico y a menudo conmovedor.

Quiero compartir que, leyendo los casos, he sentido gratitud por el regalo que nos hacen. Y por citar algunos, me ha parecido muy sabia la actitud de Mía (ya lo conoceréis), cuando decide mantener a su persona por encima del proceso de enfermedad y se propone: «*Voy a intentar hacer de mi enfermedad una anécdota*».

O el relato de María Teresa, en el que se nos recuerda que «*el cuerpo tiene su sabiduría*», y que es preciso confiar y dejarse llevar por lo que está sucediendo.

En el testimonio de Mari Luz, su hermana nos ofrece esta frase: «*Cuando la medicina no tiene respuestas, busca fuerza dentro de ti...*». Y me pareció muy lúcida y generosa la reflexión en la que se propone, a los que acompañan a la persona que está próxima a morir, «*dar el regalo de no tener miedo*».

Así como la directa enseñanza de Gloria: «*Dejaros de rollos. La vida es corta*».

O la tierna y sabia historia de Enric, quien desde su discapacidad nos enseña profundas intuiciones, como la de que «*las iglesias son frías, o los cementerios son mentira porque allí no hay nada*».

Y como broche de oro, la entrañable historia de Joan Hunt, fundadora del Hóspice de Cudeca, que nos dejó de manera elegante este pasado año 2021 y que ha inspirado a tanta gente.

Percibo que este libro supone una mirada sabia que nos ayuda a desmontar ese espantapájaros construido con nuestra mente y que no existe fuera de ella. La muerte no existe, hay un proceso de morir, como hay un proceso de nacer, ambos bien organizados. Aunque desde el miedo de nuestro ego (que tampoco muere porque nunca existió fuera de nuestra mente individual), hemos mantenido una ignorancia que probablemente sea la mayor causa de nuestro sufrimiento.

Desde esta ignorancia compartida, la mayoría asume que la vida tiene un final. Incluso los mismos profesionales de cuidados paliativos hemos hecho nuestra la expresión importada de Norteamérica, *end of life care* (cuidado al final de la vida), ¡como si la vida tuviera final!

La única forma de quitarle el poder a esa construcción mental que hemos hecho y que llamamos muerte es, aunque sea difícil, mirarla a los ojos. Este libro nos ayuda a hacerlo con dulzura y coraje.

Cuando creíamos que la Tierra era plana, la gente evitaba viajar lejos por miedo a caer por el borde. Tener miedo a la muerte es creer que la vida acaba tras ella. Hace algunos siglos los exploradores y los geógrafos demostraron que no había un abismo tras el océano, sino una continuidad; como especie humana ahora necesitamos desmontar esta otra falacia. Cristina forma parte de esa familia de exploradores que, conociendo la verdad, trabaja para ayudar a comprender de manera más amplia la realidad y perder el miedo a... ¡caernos por el borde de la vida!

Cuando acabé de leer este libro recordé aquella frase de San Pablo: «*¿Dónde está, muerte, tu victoria?*» Y la de Sócrates, que decía: «*Aquellos que tienen miedo a la muerte son unos pretenciosos, porque pretenden saber lo que hay después y ¡además creen que es amenazante!, cuando en realidad no lo saben*».

Gracias a las personas que han compartido estos testimonios y a Cristina por ayudarnos a asomarnos a este misterio y descubrir una verdad necesaria. Una verdad conocida por los sabios de todas las tradiciones y que se resume en un sencillo poema de Rabindranath

Tagore, cuando nos recuerda que: «*La muerte no es la oscuridad, es simplemente apagar tu linterna porque ha llegado el amanecer*».

Dr. Enric Benito
Miembro de Honor de la SECPAL
(Sociedad Española de Cuidados Paliativos)

INTRODUCCIÓN

Hay muertes injustas, muertes que parecen fuera de tiempo y de toda lógica; otras esperadas e incluso deseadas; hay muertes traumáticas, repentinas o imprevistas, algunas acompañadas, otras solitarias... En este libro hablaremos de muertes anunciadas, aquellas que son precedidas por una dolencia grave que actúa como aviso y recordatorio. Situaciones, por lo tanto, en las que suele haber un tiempo de preparación para la persona y su entorno. La enfermedad puede ser devastadora, pero a veces también ofrece una oportunidad para completar de manera consciente la propia vida.

Ante el reto vital que supone la muerte necesitamos perspectivas que amplíen nuestra mirada, que expandan la comprensión y eleven nuestro espíritu. Este libro nace con la intención de inspirar. Recoge para tal fin testimonios de personas que en algún momento del proceso de su enfermedad lograron encontrar cierta calma y trascender su sufrimiento.

La paz puede llegar de diferentes formas: como una aceptación sosegada tras años de enfermedad, como un afrontamiento útil que sostiene en los momentos críticos, con el alivio de tener los síntomas bien controlados, como una profunda rendición en el último instante... Los familiares y amigos que estuvieron allí, acompañando, relatan en esta obra su vivencia de lo sucedido y cómo esa experiencia les impactó profundamente.

No se trata de historias fuera de lo común. En ellas descubrimos seres humanos corrientes, con sus luces y sus sombras, pero que con su manera de afrontar la enfermedad o de morir mostraron algo importante que ha perdurado en su entorno.

La inspiración se nutre de experiencias culminantes que actúan como un faro y muestran un camino posible. Por eso en estas páginas se enfoca la atención en lo que ayuda, sabiendo que también es posible aprender, y mucho, de las dificultades o de lo que no se resuelve como se desearía. De hecho, muchas muertes difíciles pueden suponer una transformación vital para los que quedan, aunque eso requiera atravesar un duelo más crudo y espinoso.

Es un privilegio acompañar a alguien que muere en paz. Cuando sucede, parte de esa calma puede percibirse y alcanza de algún modo a quienes están cerca. A pesar del profundo dolor que supone perder a un ser querido, algunas personas explican que en esos momentos les embargó una reconfortante serenidad, o que pudieron compartir un espacio muy íntimo. A veces cuentan que, incluso tratándose de una situación tan desoladora, pudieron apreciar cierta belleza, al conectar por unos instantes con algo esencial.

Ser testigo de una muerte plácida suele dejar una huella positiva que ayuda en el duelo y en la vida posterior. Sin embargo, morir es difícil, incluso en las mejores circunstancias. La muerte nos acerca al abismo de lo desconocido, despierta angustia, los peores miedos, y es sinónimo de pérdida total y absoluta. El camino que transita entre conocer un diagnóstico funesto hasta llegar a asumir, aunque sea en parte, que se acerca el final está entretejido de sufrimiento. Una cosa es saber que algún día moriremos, otra muy distinta conocer que nuestro tiempo se acaba inexorablemente.

¿Qué es lo que nos sostiene en el sufrimiento? Para cada persona será algo distinto, particular, y cambiante según su situación. Las experiencias pueden ser infinitas, como múltiples son las formas de morir. Pero algo muy humano nos une en la muerte: la conciencia de la propia finitud y ese último paso que, en un momento u otro, todos habremos de dar. Siendo una vivencia única, también sabemos que es la cita ineludible de todo ser vivo y que infinidad de personas nos han precedido en ese trance.

Este libro está estructurado en dos partes. En la primera se presentan diez aspectos esenciales que ofrecen una comprensión más abierta y global de la muerte, tratando en profundidad diferentes cuestiones psicológicas y existenciales. Así, por ejemplo, descubrimos la importancia de respetar el proceso individual, los beneficios de tener más presente la muerte o qué significa realmente morir en paz.

También se analizan las actitudes que pueden ayudar, como ir más allá del miedo o de las expectativas, teniendo siempre en cuenta la singularidad de la persona, dado que hay circunstancias y condiciones claramente favorecedoras mientras que otras acrecientan las dificultades.

En el libro se aborda también la dimensión trascendente de la muerte, entendida como lo que va más allá de uno mismo y permanece, y que adquiere un sentido diferente según cada persona. Se destaca, asimismo, la necesidad de realizar un trabajo emocional para llegar a adaptarse a lo que se vive en cada momento.

La segunda parte es testimonial. Las experiencias humanas que integran esta obra, narradas desde la subjetividad de alguien cercano a quien murió, sugieren que la verdad es un caleidoscopio de múltiples caras. Mediante entrevistas a familiares o amigos, se describe cómo afrontaron la enfermedad y sus últimos días personas de edades y circunstancias muy distintas. Seguidamente, a la luz de lo que muestra cada relato, se señalan aspectos que han podido servir de ayuda. Se presentan también conocimientos útiles que provienen de la psicología, la clínica y el ámbito académico de los cuidados paliativos, así como aportaciones de algunas tradiciones espirituales. Las miradas sobre la muerte son muy diversas y el conocimiento sumamente amplio. Como psicóloga, me centro especialmente en examinar lo relativo al mundo interno y relacional de las personas.

En las familias y comunidades siempre se han compartido experiencias sobre la vida, sobre las crisis afrontadas en un pasado y las posibles lecciones aprendidas. Esta sabiduría transmitida pasa a formar parte del imaginario colectivo, y ayuda de algún modo a la hora de afrontar nuevas dificultades. Con ese propósito se comparten estos testimonios, sabiendo que en estos tiempos en los que la muerte tiende a ser negada o apartada, se suele carecer de vivencias directas o de conocimientos que ofrezcan verdadera guía y consuelo.

El misterio de la vida y de la muerte tiene tal magnitud que nos sobrepasa. Esta obra no pretende ofrecer respuestas, sino mostrar diferentes formas de vivir y entender el morir. Cuando surge la paz, algo se desvela. Es posible que los testimonios de quienes protagonizan este libro puedan enseñarnos cosas importantes sobre la muerte, precisamente porque al abrirle la puerta —al asumir que se acercaba su final— nos permiten asomarnos y entrever algo de lo que sucede en ese umbral.

El lector descubrirá que esas enseñanzas pueden ser tan útiles para el proceso de enfermedad y de morir como para afrontar la propia vida.

Ojalá que las vivencias de estas personas que ya fallecieron y que nos hablan a través de sus acompañantes enriquezcan nuestra visión de la muerte y de alguna manera nos aporten luz. El legado de amor y de paz que dejaron merece ser compartido.

10 ASPECTOS ESENCIALES

1

¿QUÉ SIGNIFICA MORIR EN PAZ?

«Preservar la dignidad significa descubrir qué ayuda a cada ser humano concreto a sentir que se respeta su esencia como individuo en la situación en que se encuentra.»

HARVEY MAX CHOCHINOV

¿Cómo nos gustaría morir? Seguramente en paz, libres de sufrimiento. Pero ¿qué significa eso exactamente? En función de la situación vital, las necesidades y los valores personales, se responde a esta cuestión de manera distinta.

Para algunas personas la muerte pacífica es la que acontece dormido, bajo los efectos de los sedantes en el caso de una enfermedad. Para otras será aquella que preserva la máxima lucidez posible, aunque implique tolerar un grado de malestar manejable. Algunas personas pueden dar importancia a la posibilidad de despedirse y expresar cosas importantes para ellas. Para otras será preferible no hablar sobre el tema o no conocer siquiera que se acercan al final, y agradecerán el silencio compasivo de sus familiares.

Una buena muerte debería ser aquella que la persona desea, dice Peter Fenwick, neuropsiquiatra que investiga sobre el proceso de morir. No existe, por tanto, un modelo único. Aunque sabemos que el buen morir en términos generales se asocia con no padecer dolor ni otro tipo de sufrimiento, respetar la intimidad y la dignidad personal, poder elegir el lugar donde fallecer y con quién compartir los últimos días, disponer de la información necesaria, así como de atención cualificada y soporte emocional y espiritual si se precisa. Otros aspectos relevantes que muchas personas valoran son: poder despedirse de las personas queridas, sentir que sus decisiones son escuchadas y respetadas, y no alargar inútilmente el proceso de enfermedad.

Por lo tanto, las necesidades pueden ser múltiples y variadas en esta etapa vital. Lo importante es reconocer y atender lo que cada persona en concreto precisa para sentirse lo más en paz posible. El entorno y los profesionales pueden ayudar reduciendo el sufrimiento evitable y acompañando el inevitable, inherente a la situación de final de la vida.

La muerte no es únicamente un hecho biológico, también es el cierre de una trayectoria vital. Cada persona es una realidad única, fruto de su caminar por la existencia. Y como tal debe respetarse profundamente su manera de afrontar lo que vive, hasta el final. Algo muy fácil de decir, pero mucho más difícil de cumplir.

Trabajar con personas gravemente enfermas en su propia casa me ha permitido asomarme a realidades muy diferentes. Cada hogar es peculiar y habla de quienes lo habitan, cada persona y cada familia es distinta y, a la vez, compleja en sí misma. Conocer de cerca esta riqueza de paisajes humanos es todo un privilegio. Es como viajar: amplía nuestro mundo.

Ante la infinidad de vivencias y modos de encarar la enfermedad y la muerte, nos percatamos de que los estereotipos no sirven. Siempre hay alguna situación que rompe los propios esquemas, o que te permite mirar lo mismo desde otro ángulo. En realidad, nada sabemos del otro si no nos acercamos con respetuosa curiosidad a él para descubrir qué es lo que la define, cómo entiende lo que le sucede, qué es lo que realmente le ayuda y qué dificulta su proceso.

Una muerte en paz es aquella que consigue aliviar el sufrimiento de la persona, sea de la índole que sea. El sufrimiento puede aparecer a nivel físico, con dolores, molestias, incapacidad...; o psicológico, debido, por ejemplo, a emociones difíciles o preocupaciones importantes. También puede ser social, como los conflictos en el seno familiar o las carencias económicas. O espiritual, como sucede en una crisis existencial, al perder la fe o por la angustia ante el pensamiento de desaparecer para siempre.

¡Pueden ser tantas las cosas que generen sufrimiento! Más aún cuando la persona se halla en una situación de gran vulnerabilidad. Y a la vez, que algo haga sufrir o no depende de cómo se viva subjetivamente.

En la década de los noventa del pasado siglo se publicó *Los fines de la medicina*, un informe de consenso de uno de los centros más prestigiosos de bioética, el Hasting Center de Nueva York, donde se proponían cuatro objetivos principales para la medicina del siglo XXI, que posteriormente se resumieron en dos: prevenir y curar enfermedades, y ayudar a los seres humanos a morir en paz. Se ponía de relieve con suma claridad que tan importante es preservar la vida como estudiar y cuidar las condiciones que pueden favorecer un final apacible, sin sufrimiento.

Unos años antes Eric Cassell, profesor de medicina en la Universidad McGill, apuntaba brillantemente: *«Los que sufren no son los cuerpos; son las personas»*. Aludía así a que el modelo biomédico había generado una separación ficticia entre el cuerpo y la mente, herencia del dualismo cartesiano, que nos había alejado de una visión más humana e integral.

Cassell hablaba del sufrimiento como un fenómeno más amplio que el dolor, refiriendo que un daño físico puede hacer sufrir, pero no siempre, ni tampoco ser su única causa. Dependerá del significado que le dé la persona a lo que le sucede. No es lo mismo, por ejemplo, la vivencia del dolor de un parto que culmina en el nacimiento de un bebé deseado, que el provocado por una enfermedad que angustia y que se teme no poder controlar. El dolor que se vive sin sentido y que resulta amenazante suele convertirse en un dolor mayor, más insoportable.

Para dar respuesta a esta complejidad subjetiva que supone el sufrimiento existen los cuidados paliativos. Se trata de toda una filosofía de cuidado dirigida a personas que afrontan una enfermedad grave, que se inició en Inglaterra en los años sesenta y se empezó a instaurar en España en la década de los ochenta. Se basa en un trabajo en equipo que incluye diferentes disciplinas (medicina, trabajo social, psicología, enfermería y auxiliar de clínica...) con un objetivo común: que la persona viva lo mejor posible y que muera en paz.

Este tipo de atención especializada supone un derecho y es un imperativo moral. Lamentablemente, en la actualidad son muchas las personas con enfermedad avanzada o crónica que todavía no tienen acceso a estos cuidados en el territorio español, por carencia de recursos y una distribución poco equitativa de estos.

Necesitamos medios para atender a las personas que sufren. Cabe apuntar que todos los testimonios que contiene este libro —excepto uno que aconteció antes de que existiera este tipo de atención y otro que no la precisó— contaron con el soporte de equipos de cuidados paliativos, hospitalarios o domiciliarios, que favorecieron de algún modo que tuviera lugar una buena muerte. Sin este acompañamiento seguramente hubiera sido mucho más difícil tanto para la persona como para la familia. Algunos de estos equipos cuentan, además, con terapias artísticas (musicoterapia, arteterapia...), fisioterapia y terapia ocupacional, agente pastoral o referente espiritual, y voluntarios que ofrecen su tiempo de manera desinteresada.

Reconociendo que existió esta base de cuidado, y que se atendieron las necesidades físicas, emocionales, sociales y espirituales que surgieron, me centraré en destacar las actitudes personales que reflejan las historias y que ayudaron a que apareciera cierta paz.

La palabra paz define el estado de quien no está perturbado por ningún conflicto y actitud. Alude, por lo tanto, a una calma de espíritu, más allá de lo que supone el alivio del malestar físico. Cuando hablamos de muerte en paz, ¿nos referimos a un estado de serenidad en las últimas horas o en el suspiro final? ¿A los últimos días?

¿O se trata de la aceptación serena de una persona enferma ante la perspectiva de la muerte?

Estas y otras preguntas guiaron una investigación liderada por Jorge Maté, un psicólogo experto en cuidados paliativos. Concluyeron que tanto los familiares como los profesionales sanitarios apreciaron que se había producido una muerte en paz en función de los últimos días de vida y no del proceso de enfermedad. Asimismo, la percepción de los motivos que ayudaron fue distinta. Mientras los sanitarios valoraban más el confort físico, es decir, que estuvieran los síntomas bien controlados, los familiares destacaron aspectos psicosociales, como que la persona se hubiera podido despedir, que fuera consciente en el momento de la muerte y que estuviera rodeada de los suyos.

En las siguientes páginas compartiremos experiencias recogidas desde la visión de los familiares. Nos movemos en un terreno intangible y subjetivo pero no por ello menos real. Quien partió no puede explicar su vivencia, pero quizás hay signos que fueron visibles para los allí presentes.

La paz puede percibirse a través de señales corporales de profunda relajación en el que muere, por el estado de calma que reina en la habitación, por sensaciones de los propios acompañantes... Pero a veces ese estado de serenidad aparece antes, y la persona puede llegar a verbalizar en algún momento que se siente en paz. O demuestra una actitud de sincera aceptación, en la que se afloja cualquier signo de lucha y se produce una entrega hacia lo que está sucediendo.

El momento último está íntimamente relacionado con cómo ha sido la persona, de qué manera ha evolucionado en su vida, así como su particular actitud frente a la enfermedad. La paz del final a menudo se ha ido labrando durante el proceso previo en el enfermo y en su entorno. O se produce de manera repentina e inesperada, debido a la oportunidad de transformación que entraña esta situación excepcional. La propia existencia tiene un hilo conductor que le da sentido, incluso más allá de lo que podamos entender.

En este libro hablaré de personas, y no de pacientes, precisamente para salvar esa frontera artificial que con frecuencia se establece entre los sanos y los enfermos. Y también para ser conscientes de que esta realidad, en un momento u otro, nos tocará de cerca. Con la finalidad de conocer a cada persona, desvelaremos parte de su recorrido vital, especialmente en el transcurso de su enfermedad.

Siguiendo las palabras del doctor Ramón Bayés, profesor emérito de psicología en la Universidad Autónoma de Barcelona: «*La persona no es el cerebro, no es el cuerpo, no es la familia, no es el grupo con el que comparte ilusiones y vínculos, gustos o valores, no es el contexto físico, cultural, social y emocional en que nace y transcurre la vida (…) Todo esto permite la existencia de la persona; pero no es la persona (…) La persona es el viaje; un viaje siempre único, irrepetible, interactivo, continuamente cambiante, una biografía en constante evolución desde el nacimiento hasta la muerte*».

2

RESPETAR EL PROCESO

«La muerte es vista como un hecho natural que debe ser acompañado
y velado. Hay que estar allí y ayudar a trascender el sufrimiento
del enfermo que se acerca al borde del misterio.»

CICELY SAUNDERS

A mediados de los años setenta, la publicación del libro del ginecólogo y obstetra francés Frédérick Leboyer *Por un nacimiento sin violencia* supuso toda una revolución en la manera de concebir y acompañar los partos. Leboyer defendía la necesidad de respetar al recién nacido como un ser sensible y perceptivo, es decir, dotado de conciencia.

Hasta ese momento la medicina se había centrado en preservar la seguridad física del neonato y de la madre, pasando por alto el impacto que podían tener ciertas intervenciones en los frágiles sentidos del bebé. Leboyer popularizó el uso de técnicas suaves durante y después del parto para facilitar esa difícil transición hacia el mundo exterior. Y sensibilizó a los profesionales y a la sociedad en general sobre las vivencias que podía experimentar el niño durante su proceso de nacimiento.

Dotar de conciencia cambia la mirada. Darse cuenta de que puede haber algún tipo de percepción, incluso en la vida intrauterina, transforma la manera de cuidar la gestación y el parto. Del mismo modo, ante los últimos días de una persona, podemos reparar únicamente en la parte descarnada de la muerte —viendo el cuerpo que agoniza como un sinsentido— o apreciar que puede perdurar algún tipo de conciencia y capacidad para percibir, aunque sea de una cualidad distinta a lo que conocemos. Es posible atender el confort físico para que no haya malestar que genere sufrimiento, pero ¿cómo acompañar la vivencia interna del que muere?

En ambos procesos, al nacer y al morir, gran parte de lo que experimenta el individuo se produce de manera invisible a los ojos de los acompañantes. El viaje del alumbramiento se da en el interior del seno materno hasta que el bebé ve la luz por primera vez. En la muerte, podemos estar al lado de la persona enferma, pero conforme se acerca el final su conciencia se aleja y —salvo en contados casos— no es posible tener acceso a lo que experimenta. De modo que acompañamos a ciegas, observando las señales del rostro o del cuerpo para ver si denotan tranquilidad o crispación.

Dice Iona Heath en su libro *Ayudar a morir*: «*Es posible que a principios del siglo* XXI *la atención a los moribundos se encuentre en el punto en que se hallaba la obstetricia cuando por fin se ofreció a las mujeres un alivio efectivo del dolor, pero antes de que ellas exigieran el derecho de elegir si lo querían o no, o si preferían experimentar otras formas de soportar y vivir el dolor*».

Esta doctora británica reflexiona sobre la tendencia actual a anestesiar la muerte como una forma de aliviar el sufrimiento, pero que también puede anular, en algunos casos, la posibilidad de afrontarla con mayor conciencia. Existe la falacia de que la medicina debería librarnos de todo padecimiento. No solo debe retrasar todo lo posible la muerte, sino que también debe evitar a toda costa cualquier tipo de malestar y percepción en el momento de morir.

Se anestesia la muerte utilizando fármacos para reducir el nivel de conciencia, a veces sin informar claramente al enfermo. Pero también cuando se procura que la persona se percate lo menos posible de que se acerca su final, ocultando por ejemplo información veraz sobre su estado. Se sigue, por lo general, la máxima de que cuanto menos consciente se sea de la propia muerte tanto mejor, con lo que se equipara conciencia a sufrimiento.

¿Será que nos faltan herramientas para entender y acompañar el proceso de morir? Se teme tanto al dolor, físico o emocional, y es tan desconocido este territorio que se busca la inconsciencia como solución. A veces será necesario o lo preferible según los deseos de la persona, pero no siempre. Por supuesto, somos afortunados los que vivimos en países que disponen de forma generalizada de calmantes, pero el rechazo social hacia la muerte puede llevar a no querer vivirla ni como acompañantes ni en primera persona. Y de ese modo se pierde esa última experiencia humana.

Morir de forma repentina se asume como una buena muerte. Quizá lo sea. Pero eso impide disponer de un tiempo para cerrar temas pendientes, para reflexionar sobre la propia vida o prepararse internamente para el final. Tampoco permite recordar y compartir recuerdos con personas queridas, o tener la posibilidad de despedirse, de expresar el amor, el perdón o la gratitud. Así pues, ser consciente de la muerte también puede aportar un beneficio.

Por otro lado, aunque las tradiciones espirituales entienden de diferentes maneras el morir, comúnmente lo interpretan como un momento crucial en la vida de la persona. En él tendría lugar un encuentro con lo inefable y con la propia esencia, entendida como algo que va más allá de la personalidad y que, según ciertas creencias, permanece tras la muerte.

Durante el proceso de agonía parece ser que sentidos como el tacto y, especialmente el oído, se preservan hasta el final. Y así lo han narrado algunas personas que han estado un tiempo en coma y han recuperado posteriormente la capacidad para comunicarse. La percepción puede ser diferente, si bien hay estímulos que el individuo aparentemente inconsciente puede captar, como el clima que se respira a su alrededor.

Así como el bebé no entiende las palabras pero se relaja al reconocer ciertas voces y al notar un entorno tranquilo, es probable que también ayude en el morir sentirse envuelto por un ambiente respetuoso que invite a la calma y la conexión. Por ello, incluso sin conocer bien lo que sucede, es preciso cuidar a quien está muriendo como a un ser consciente y perceptivo.

La muerte es, ante todo, algo natural. Resulta obvio, pero es importante recordarlo, pues parece que se trata de un saber olvidado. En el momento en que pasó de ser una experiencia cotidiana, comúnmente vivida en el hogar, a ser medicalizada y asistida principalmente en un entorno sanitario, las decisiones médicas tomaron el mando. Al igual que en el nacimiento, de ese modo se ganó en seguridad y se redujo el sufrimiento, pero nos alejamos del carácter esencial y personal de tales procesos.

«La muerte es de la vida, igual que el nacer; como el andar está lo mismo en alzar el pie que en volverlo a la tierra», en palabras de Rabindanath Tagore. Es preciso, por lo tanto, recuperar este sentido del morir como algo propio de la naturaleza. Perteneciente a la vida, y no ajeno a ella.

En el morir, como ocurre en el nacimiento, cuando no hay complicaciones se produce un patrón reconocible, con unas fases que de manera muy sabia preparan y desencadenan la transición. El cuerpo está preparado para este proceso, y facilita por sí mismo que al morir se produzca una desconexión paulatina que reduce de forma natural el sufrimiento.

El reto actual consiste en aunar ambos saberes: el conocimiento objetivo que aportan la ciencia y los avances clínicos con el cultivo de ciertas actitudes y la confianza en el propio proceso de morir. Las ayudas médicas están ahí para cuando sean precisas o según los deseos de la persona, pero también es posible encontrar sostén en la seguridad que pueden ofrecer el entorno y una conexión interna que aporte calma. Es preciso devolver la muerte al individuo para que sean sus necesidades las que definan cómo quiere vivir hasta los últimos momentos de su vida.

En ocasiones, el morir acontece sin tener ningún tipo de control sobre las circunstancias, pero a veces es posible crear condiciones favorecedoras para que la persona muera de la mejor manera que le sea posible.

3

TENER PRESENTE LA MUERTE

«La autoconciencia es un don supremo, un tesoro tan precioso
como la vida. Es lo que nos hace humanos. Pero conlleva un elevado
precio: la herida de la mortalidad.»

Irvin Yalom

Meditar sobre lo que significa morir resulta contracultural en nuestros días. La muerte nos habla de impermanencia, de incertidumbre, de desprendimiento absoluto. Cuestiones poco populares en una sociedad que tiende al consumismo y a atesorar bienes, que es amante del control y la seguridad, y que por encima de todo aborrece perder.

La muerte invita a mirar hacia adentro, a interrogarse sobre uno mismo y la propia existencia, mientras que la realidad externa nos lleva a prestar atención hacia fuera, envueltos en una sobredosis de estímulos, de actividades, de trabajo, de relaciones... Incluso la propia palabra muerte genera aversión y, a menudo, es obviada o maquillada con eufemismos, como si hablar o pensar sobre la muerte pudiera hacerla de algún modo penosamente real.

Sin embargo, cada vez más personas sienten la necesidad de plantearse cuestiones relacionadas con el morir. Puede ser resultado de haber vivido una pérdida cercana, o de estar atravesando un proceso de enfermedad o una crisis vital importante. A veces esta necesidad surge como una inquietud existencial, que despierta las grandes preguntas: ¿qué sentido tiene la vida?, ¿por qué existe el sufrimiento?, ¿a dónde vamos cuando morimos?

Lo que se termina descubriendo es que reflexionar sobre el morir no llama a la muerte, sino a la vida. Meditar sobre este hecho ineludible se ha utilizado desde tiempos inmemoriales como acicate para el camino interior. «*Practicad el morir*», decía Platón a sus discípulos. La expresión *memento mori* (recuerda que morirás) se utilizaba en la antigua Roma para persuadir de la soberbia y la vanidad.

Desde el budismo se realiza esta contemplación diaria con el pensamiento: *«Esta existencia nuestra es tan pasajera como las nubes de otoño»*, para tener presente la cualidad temporal de esta vida y avivar la búsqueda de lo esencial.

Diego Gracia, médico y filósofo experto en bioética, distingue entre los valores instrumentales y los valores intrínsecos. Los primeros son aquellos que carecen de validez propia pero pueden ser intercambiados por algo útil, como sucede por ejemplo con el dinero. Mientras que los valores intrínsecos suponen un fin en sí mismos: el amor, la amistad, la solidaridad, la belleza... Ser consciente de la muerte lleva de forma natural a priorizar estos valores, que no se pueden comprar ni vender pero que aportan sentido a la existencia.

Lo superfluo tiende a desvanecerse en contacto con la finitud y supone una oportunidad para que emerja la dimensión espiritual del ser humano. Entendida, según la Sociedad Española de Cuidados Paliativos (SECPAL), como el anhelo de plenitud que se expresa a través de la búsqueda de sentido, la coherencia con los propios valores, la conexión armónica con los demás y con la trascendencia.

La muerte actúa como recordatorio, nos muestra que el tiempo es limitado. Y también es un espejo, pues nos pone cara a cara con nosotros mismos. Refleja nuestras virtudes, pero también nuestros defectos. Nuestros aciertos y torpezas. Aquello de lo que estamos más satisfechos y lo que lamentamos en el fondo del alma. Los anhelos realizados y los que ya no se podrán lograr. También muestra cuáles son nuestros más valiosos recursos, así como las heridas y los miedos más profundos.

Lo que observamos en el acompañamiento a personas con enfermedad avanzada es que quien ha estado en contacto con algo de su verdad interna llega a este encuentro con cierta familiaridad, aunque esto no quita que le queden cuestiones por resolver. Quien ha mirado hacia su propia vida o se ha planteado, por ejemplo, cuestiones prácticas o íntimas sobre el morir, tiene un trabajo previo realizado que puede serle de ayuda. De lo contrario, son tantas y tan importantes las preguntas que podrán abrirse al conocer la posibilidad de morir que la persona puede sentirse terriblemente abrumada.

Ante situaciones límite como la muerte, las necesidades espirituales que quizá se habían mantenido latentes pueden emerger con más fuerza que nunca. En algunos casos puede darse una búsqueda o una transformación vital, al orientar a la persona hacia valores intrínsecos que quizás hasta entonces habían permanecido en segundo plano. En otros supondrán un espacio ya conocido donde apoyarse, al recurrir a la fe, o a la conexión sincera con los demás o con uno mismo. Si estas necesidades no encuentran respuesta pueden desembocar en un sufrimiento existencial, como puede ser el sinsentido.

Pensar sobre el morir, por tanto, puede ayudar a entrar en contacto con una realidad que cuesta mirar y que nos confronta, pero que también permite conectar con lo más primordial. A nivel práctico, implica responsabilizarse en definir los deseos sobre la propia muerte, previniendo que no sean otros los que deban cargar con el peso de esas decisiones.

En este sentido se recomienda que la deliberación no sea solo propia, sino también compartida y concretada en conversaciones con familiares o con los médicos, o realizando un documento de voluntades anticipadas, denominado también documento de instrucciones previas. En él se ponen por escrito las indicaciones respecto a la atención sanitaria y el acompañamiento que la persona querría recibir en el tramo final de su vida. Para ello es preciso reflexionar previamente acerca de los propios principios, valores y deseos. Cabe tener presente que siempre es posible modificar tales voluntades, ya que estas pueden cambiar, y que siempre prevalece lo que la persona puede expresar verbalmente estando consciente.

El movimiento actual que promueve la autonomía de la persona y su participación en las decisiones de los cuidados que le atañen está impulsando en los últimos años la llamada planificación de decisiones anticipadas. En este caso son conversaciones guiadas por facultativos para ayudar a que la persona con una enfermedad crónica, especialmente si se encuentra en un estadio avanzado, pueda ir delimitando cuáles son sus verdaderas voluntades.

Tal y como apunta Marc Antoni Broggi, cirujano y presidente del Comité de Bioética de Cataluña, en su libro *Por una muerte apropiada*: «*No se trata de enseñar a morir, sino de ayudar a que cada cual lo haga a su manera*».

4

LOS IDEALES SON IRREALES

*«Estate atento y sé amable con la muerte. Porque es duro morir;
es difícil cruzar la puerta, incluso cuando está abierta.»*

D. H. LAWRENCE

La muerte asusta y en cierto modo fascina. Para algunas personas será algo sobre lo que no desearán ni siquiera pensar, otras en cambio pueden hablar sobre ella desde una imagen idealizada y poco real. Naturalizar la muerte también implica situarla en su justa medida, para adquirir una visión más completa y sensata, es decir, ni tan mala, ni tan buena.

No se puede negar el aspecto doloroso de la muerte, como no es posible negar que el sufrimiento forma parte de la existencia. Reconocerlo puede ahorrar muchas luchas inútiles. El budismo, por ejemplo, afirma que esta vida implica sufrimiento y, a partir de esta aceptación, emprende la búsqueda de una felicidad genuina, menos dependiente de lo que acontece.

La mayoría de las personas no desean morir. Y las que lo desean suele ser para encontrar el alivio último de sus dolencias. Es mucho más fácil aceptar la muerte ante el innegable declive del cuerpo, cuando el dolor merma las energías y las ganas de vivir, al sentir la soledad tras haber perdido gran parte de la familia o amigos, o si se sufre terriblemente a nivel emocional, se tenga o no una enfermedad. A veces abrir la puerta a la muerte se vive como un anhelado sosiego.

Al final de la vida, morir deja de ser una abstracción. Se siente en los huesos, en el cuerpo fatigado que se impone. En la obra de teatro *Wit*, de Margaret Edson, protagonizada por Emma Thompson en la película que lleva el mismo nombre, una reconocida profesora de literatura inglesa enferma de cáncer. Se escuda en un inicio en su brillante ingenio, pero paulatinamente se ve despojada de todo aquello que le aporta seguridad.

Cuando llega el momento en que se siente francamente vulnerable adquiere otra conciencia y dice: «*Hablamos de vida y muerte. No en abstracto. Hablamos de MI vida y de MI muerte.* (...) *No es tiempo de argucias mentales.* (...) *Ahora es tiempo de simplicidad... ahora es tiempo de... me atrevería a decirlo... bondad. Pensaba que ser extremadamente inteligente lo resolvería todo. Pero veo que he sido descubierta... Tengo miedo*».

Ser consciente de la propia muerte, de forma real, es difícil, y puede desarmar completamente a la persona. Incluso si existe un buen afrontamiento y uno se siente sostenido por algo que le ayuda, como sucede en muchos de los testimonios de este libro, no todo es bonito, ni profundo, ni trascendente. Se deben traspasar muchas puertas angostas en el camino, entre ellas, la incertidumbre y el miedo.

En el proceso se viven fases y vaivenes. Hay momentos de inspiración y de sentirse capaz frente a las circunstancias, y otros de profunda desesperación y frustración. Días mejores en que la enfermedad da una tregua y permite hacer cosas agradables, y otros en los que el malestar incapacita y nubla la mente.

La situación física y anímica suele ser muy cambiante y marca el ritmo de lo que la persona puede realizar. También varía la conciencia que se tiene de la posibilidad de morir. Algunas veces el enfermo es más consciente de su realidad, mientras que en otros momentos necesita estar más orientado hacia la esperanza y evita estos pensamientos, buscando por ejemplo distracciones o enfocándose hacia la vida.

«*Ni el sol ni la muerte se pueden mirar de frente*», escribió François de la Rochefoucauld en el siglo XVII. Esta ambivalencia entre mirar y desviar la mirada hacia lo que cuesta admitir no solo es normal sino que ayuda a afrontar una realidad que, aun siendo reconocida, si se contemplara continuamente sería demasiado angustiosa.

Javier Barbero, psicólogo con amplia experiencia clínica en el ámbito de los cuidados paliativos, habla de que *«debemos evitar caer en la fantasía y la voluntad de dar a cualquier precio un sentido al infortunio».* Hay desgracias que resultan incomprensibles, que no tienen respuesta. No suele ayudar indicar al enfermo cómo debe tomarse la situación, tampoco procurar darle a toda costa un significado positivo a lo que le sucede. Eso puede aumentar su sensación de incomprensión y, por tanto, su soledad y su sufrimiento.

El sentido tiene que nacer de dentro, de la propia persona, y en sintonía con sus valores, no sirve si viene de àfuera. A veces la enfermedad solo creará rabia, ruptura o sinsentido. Estamos ante una situación que puede resultar muy traumática, pues rompe absolutamente la anterior forma de vida y el futuro deseado o imaginado.

La madre de un joven de 29 años, a quien he acompañado en el duelo, me contaba que cuando su hijo estaba muy enfermo las personas del entorno querían animarlo y a veces le mostraban ejemplos de personas que realizaban proezas estando enfermas, o que conseguían vencer finalmente la enfermedad. Entonces él les decía: «No todos hemos de ser héroes».

¡Qué honesto reconocerse como humano frente a la adversidad!, sabiendo que uno hará lo que pueda, y no tanto lo que quiera, cuando la fatalidad apriete.

Incluso en el morir, se puede sufrir la exigencia de tener una buena muerte, una muerte en paz. Pero aferrarse a una expectativa así solo añadirá presión y malestar a un proceso ya de por sí difícil.

La realidad acostumbra a romper los ideales en pedazos. Isabel, una mujer de religiosidad sentida y que había afrontado con una entereza admirable su enfermedad, habiéndose despedido y preparado para el momento, veía que la muerte no llegaba. Tras largos días en la cama, me decía: *«No me imaginaba que costara tanto morir».*

Incluso cuando la muerte es aceptada, no sabemos qué puede deparar el proceso ni qué pruebas nos pondrá delante.

Una muerte en paz no está exenta de miedos, ni de dificultades. No es un objetivo que uno deba imponerse, sino un camino que acerca a la reconciliación pacífica con uno mismo y las propias circunstancias. Aunque a veces el recorrido pueda ser duro, penoso, o precise pasar por la rabia, el sinsentido, la tristeza…

Como muestran los testimonios de esta obra, lo que favorece la paz no es la pretensión de querer lograrla. A menudo esta surge de manera simple, espontánea, cuando se abandonan las ideas de lo que debería ser, y uno sencillamente se entrega a vivir lo que acontece. En algún punto tendremos que dejar que la muerte nos lleve como quiera, admitiendo que es algo que no podemos controlar.

Nada más fácil. Nada más difícil.

5

MÁS ALLÁ DEL MIEDO

«No hay mayor crisis existencial que afrontar la propia muerte.»

WILLIAM BREITBART

El temor a la muerte es un miedo natural, innato, alimentado por el espíritu de supervivencia. Ya en la antigua Grecia, Epicuro proclamaba que la mayor causa de sufrimiento es el miedo. Y entre los temores, el que más atenaza la existencia de los seres humanos es el miedo a morir, que puede empañar cualquier momento de disfrute y felicidad.

La conciencia de la inevitabilidad de la muerte provoca desasosiego. No resulta fácil convivir con esta realidad, aunque para cada persona adquirirá una tonalidad distinta. Cabe, entonces, preguntarse: ¿qué es exactamente lo que temo de la muerte?

Tras una necesaria reflexión, algunos responderán que no les atemoriza la muerte en sí, sino el sufrimiento del proceso de morir. Conectarán con el miedo al dolor, o a sentirse progresivamente frágiles y distintos, a perder su integridad como personas, a dejar de ser útiles, a la decrepitud... Para otros, el mayor temor será la renuncia a todo lo que tienen por vivir, a no poder estar al lado de aquellos que aman, al dolor de los demás, a perder, en definitiva, su vida.

También se teme lo que significa la propia muerte; como ese paso hacia lo desconocido, el miedo a la nada, a la disolución, o a un después que implique sufrimiento o castigo, a la gran incógnita. Y a muchas personas también les asustará especialmente la muerte de los otros, tener que sobrevivir a la pérdida de alguien muy querido e importante para uno.

¿Para qué mirar hacia lo que espanta y que, como el sol, puede quemar la vista? La ansiedad y el malestar que genera la muerte siempre estará presente. Es el precio de la autoconciencia, que nos recuerda que somos finitos. Asumir este temor supone, por lo tanto, aceptar la condición humana.

El miedo suele ser difuso, informe. Aparece súbitamente en forma de terror o ansiedad, o se mantiene como una música de fondo de manera insistente y continua, recordando que algún día será la última vez. Resulta difícil ponerle palabras, enmarcarlo, mientras que en su expansión indefinida cobra poder.

Precisamente indagar sobre uno mismo, conocer el propio miedo, permite definir sus contornos y hacerlo quizás un poco más manejable. Es probable que en diferentes momentos de la enfermedad se deba atravesar esta puerta angosta. Sabiendo que existe y es natural, el objetivo no será que no aparezca, sino que se pueda ir más allá para encontrar algo que nos calme y acompañe en ese temor.

De hecho, ser consciente de la propia muerte saca a la luz muchas emociones latentes, no solo el miedo. Pueden ser la tristeza, la rabia y la frustración, la culpa, e incluso la envidia por los que están sanos y pueden seguir su vida con normalidad. Una muerte en paz a veces solo es posible cuando uno se ha permitido reconocer las partes más profundas y oscuras de sí mismo.

Se requiere todo un proceso emocional, interno, para dejar emerger las emociones difíciles que se despiertan y descubrir la propia humanidad desnuda, sin filtros, con lo peor y lo mejor de uno mismo. Hace falta mucha valentía para ello. Y solo cuando esas emociones que nacen del fondo del alma han tenido el tiempo, el espacio y la escucha suficiente podrán quizá dar lugar a algo diferente.

La paz no surge de la nada, a menudo es resultado de este proceso alquímico en el cual se pone en juego uno mismo. A veces se consigue, y otras no.

«Nuestros miedos no detienen a la muerte, sino a la vida», escribió Elisabeth Kübler-Ross. Esta psiquiatra fue toda una referente y

pionera en la atención a las personas enfermas. Fue de las primeras que se sentó al lado de los moribundos a escuchar sus inquietudes y temores. Nos recuerda que la muerte vendrá, queramos o no, pero que el miedo puede limitar la propia existencia, atrapados en el «por si acaso» y en una falsa sensación de control.

La incertidumbre y la impermanencia definen nuestra existencia. El contacto con la muerte simplemente pone delante, en primer plano, una verdad que siempre está ahí. En algún momento la vida nos confrontará con su cualidad azarosa y transitoria. Ojalá podamos reconocer el miedo como algo natural y lograr ir más allá de él.

6

MORIR NO ES IGUAL PARA TODOS

«La posibilidad de generar resiliencia está en marcha toda la vida, no solo en la infancia. Es como una partida de ajedrez. Las primeras jugadas son muy importantes, pero mientras la partida no haya terminado siguen quedando buenos movimientos.»

BORIS CYRULNIK

Morir mejor o peor depende de muchas circunstancias. Gran parte de ellas son externas y fuera del control de la persona, a menudo poco previsibles, como los aspectos relacionados con el propio proceso de enfermedad, la aparición de síntomas abruptos, los traslados a última hora...

Hay condiciones que ayudan a morir mejor: cuando la enfermedad ha dado tiempo suficiente para asumir las pérdidas y la posibilidad de morir, si existe un buen soporte del entorno, o si el final deviene de forma predecible y con una sensación de vida realizada.

Es mucho más difícil aceptar la muerte cuando se trunca un proyecto de futuro en ciernes, o se tienen hijos o personas dependientes a las que cuidar. Cuando el proceso es tan rápido que no es posible cerrar ni concienciar apenas nada, o, por el contrario, se dilata en el tiempo agotando al enfermo y a sus cuidadores. La muerte puede ser terriblemente inoportuna.

Los contextos, las circunstancias, son tan diversos que no se puede comparar ni mucho menos juzgar cómo encara cada individuo su enfermedad. Sin embargo, esto es lo que la persona recibe al escuchar mensajes estereotipados del tipo: *«No tires la toalla, la actitud es lo más importante»*; *«Has de ser capaz de perdonar para poder irte en paz»*; *«Solo si sueltas el control podrás estar tranquilo»*.

Estas frases bienintencionadas, fáciles de pronunciar, pueden generar impotencia en quien las escucha por no ser tan sencillas de cumplir. Además, no tienen en cuenta la idiosincrasia de la persona, sus particularidades y el camino singular que está transitando. Se trata de expresiones, por lo tanto, que pueden hacer mucho más daño que bien, aunque sean dichas con ánimo de ayudar.

El escenario y las circunstancias de la enfermedad influyen como circunstancias externas. Pero también existen condicionantes internos que tienen una clara influencia en cómo la persona responde a la amenaza que supone la enfermedad y la proximidad de la muerte.

Aspectos de la personalidad, la propia capacidad para gestionar el malestar y la incertidumbre, las situaciones adversas y traumáticas que se han vivido previamente, la calidad de la red de relaciones que envuelve al enfermo... son algunos de los muchos factores que conformarán tanto las dificultades como los recursos internos con que contará la persona.

Todos los seres vivos responden a la percepción de una amenaza con contracción, es decir, con reacciones protectoras asociadas al miedo y a la defensa; mientras que la seguridad produce expansión y bienestar, así como una mayor disposición a la curiosidad y la exploración. En un caso el organismo se cierra; en el otro, se abre y se relaja.

Sabemos que la confianza y la seguridad ayudan tremendamente en el proceso de enfermedad y al morir, precisamente porque contrarrestan los efectos de tensión naturales que provoca una situación tan amenazante. Pero ¿cómo se pueden favorecer?

Las teorías psicológicas del apego nos dicen que las personas reaccionan a la incertidumbre y al peligro según patrones de comportamiento que se activan de manera involuntaria. John Bowbly, psiquiatra psicoanalista, descubrió que nacemos con la necesidad fundamental de formar lazos afectivos estrechos, buscando la cercanía y la seguridad de las figuras cuidadoras, lo que se denomina conducta de apego.

Al estar asustados o fatigados, los niños buscan de forma natural el alivio del consuelo y la protección de los adultos. En función de cómo el entorno responda repetidamente a esta necesidad, el individuo genera estrategias de afrontamiento que se van instaurando en su personalidad y se refuerzan ante nuevas situaciones de tensión. Esa es una de las razones por las cuales a algunas personas enfermas les resulta más fácil pedir ayuda y sentirse necesitadas, precisamente porque experimentaron relaciones seguras y estables que les dieron una base de confianza natural. Mientras que para otras será prioritario defender su autonomía y su independencia todo lo posible, como una manera de encarar la dificultad. También habrá quien se desborde emocionalmente ante la percepción de peligro, con escasa capacidad para poner límite a su angustia.

Sin pretender profundizar en una teoría tan extensa y con tantas repercusiones, es preciso reconocer que los aspectos psicológicos y las experiencias previas condicionan enormemente cómo se responde a este desafío existencial. Con demasiada facilidad se tiende a juzgar la manera en que la persona afronta la enfermedad, sea alabando su buen talante o quejándose de lo que se tilda como una mala actitud.

No todos podemos llegar a un buen afrontamiento o a un estado de calma confiada con la misma facilidad. Existen circunstancias más difíciles, tanto externas como internas, y hay individuos más vulnerables emocionalmente. No es algo que la persona haga a voluntad, pues su reacción en gran parte es consecuencia de lo vivido y tiene un sentido dentro de su propia historia.

Cada uno llega al último tramo de su existencia con toda su mochila a cuestas. En ella están las huellas que han dejado los vínculos significativos, los sucesos positivos y las desgracias —sea porque han debilitado a la persona o porque la han fortalecido—, así como las actitudes y las habilidades que se han ido cultivando. De todo eso dependerá la capacidad resiliente, entendida como la facultad de adaptarse y de reponerse de la adversidad.

La resiliencia es un tejido de fortaleza y seguridad que se va confeccionando a lo largo de la vida. Aunque las experiencias tempranas influyen, no se trata de algo que se tiene o no se tiene, sino de una cualidad que es posible construir.

Ante los golpes del destino se destapan las antiguas heridas y las carencias, pero también nos vemos empujados a ahondar en nuestro interior para sacar a la luz recursos y capacidades que se mantenían olvidados. La proximidad de la muerte puede ser una oportunidad poderosa para flexibilizar actitudes y descubrir aspectos positivos de uno mismo hasta entonces desconocidos.

7

UNA MUERTE EN PAZ NO EVITA EL DUELO

«La cicatriz es el lugar por donde entra la luz.»

RUMI

Sabemos que una muerte plácida facilita el duelo, pero no lo evita. Cuando se ha podido estar al lado del que muere, si ha sido posible la despedida y se ha observado tranquilidad o serenidad, la sensación de paz vivida puede acompañar durante un tiempo a los familiares y amigos.

Un factor beneficioso para el duelo es que la muerte se produzca en circunstancias favorables. Suele ser más impactante y, en general, más traumático, un fallecimiento abrupto e inesperado. O, por supuesto, cuando sucede por causas no naturales. Anticipar y prepararse internamente para la pérdida, aunque también pueda resultar difícil, ayuda a que el golpe no sea tan devastador. Por otra parte, no es lo mismo percibir que la persona sufre física o emocionalmente —lo cual puede originar un recuerdo doloroso— que sentir que está calmada y confortable.

El momento de la muerte, incluso cuando es esperado y plácido, suele ser delicado. En él pueden coexistir sentimientos ambivalentes: el dolor de la pérdida y una sensación dulce de apertura o intimidad. La pena por la despedida definitiva junto con el sosiego de saber que el proceso de enfermedad ha llegado a su fin.

Al comienzo del duelo puede experimentarse un alivio natural: se acabó la incertidumbre, el no saber, el miedo a que el ser querido sufriera... En esos momentos iniciales, que pueden durar semanas o incluso los primeros meses, uno puede sentirse especialmente conectado a la estela positiva que ha dejado la persona. Ya no está, pero un vestigio sutil de su presencia continúa en el ambiente. Sus palabras, su mirada, el silencio apacible o la profunda calma que se vivió siguen transmitiendo cierto bienestar.

Nuestra psique es sabia y procura que vayamos contactando poco a poco con la realidad de la pérdida. A veces hasta pasados dos o tres meses no se empieza a aterrizar en la verdadera dureza de la ausencia. Esto puede resultar extraño para muchas personas, que se sorprenderán por encontrarse emocionalmente peor que al inicio del duelo.

Una cosa es sentir que la persona ha muerto bien, en paz, y otra aprender a vivir sin su presencia, palpando el vacío que ha dejado en tantas pequeñas y grandes cosas. Perder a un ser querido es difícil en cualquier caso. Las circunstancias favorables de la muerte pueden reconfortar y supondrán un bálsamo en el trascurso del duelo, mientras que, cuando no es así, añadirán aún más sufrimiento y, en ocasiones, harán más difícil este proceso.

Una muerte conlleva múltiples pérdidas. La principal es la ausencia de la persona, pero a partir de ahí se despliegan muchos otros cambios y pérdidas colaterales que irán apareciendo en el duelo, y se experimentará cada vez un dolor distinto.

Tal y como explica la escritora Joan Didion en *El año del pensamiento mágico*, el libro que escribió tras la muerte repentina de su marido: «*El dolor por la pérdida nos resulta un lugar desconocido hasta que llegamos a él*».

Y es cierto que nadie puede saber cómo serán sus sentimientos, pensamientos o sensaciones hasta que no se encuentra atravesando su propio duelo. Incluso los cimientos de la identidad pueden tambalearse: uno ya no es quien era, pues algo sustancial en su vida ha cambiado para siempre. Por ello resulta común sentirse desubicado, perdido, viviendo en muchas ocasiones un sinsentido.

Joan Didion añade en otro fragmento: «*Cuando lloramos a nuestros seres queridos nos estamos llorando también a nosotros mismos, para bien o para mal. A quienes éramos. A quienes ya no somos. Y a quienes no seremos definitivamente un día».*

No solo se pierde a alguien amado, también perdemos todo lo que irremediablemente ya no podrá ser: la manera especial como esa persona nos hacía sentir, las ideas y momentos compartidos, el proyecto futuro pensado o deseado, las heridas que quedaron sin resolver, lo que nos hubiera gustado que fuera y que nunca fue...

En el duelo se rememora la relación que se mantuvo con la persona que murió. Aparecerán las cosas buenas pero también los sinsabores; lo que se agradece y aquello que lamentablemente faltó; la sensación de satisfacción por lo que se pudo ofrecer o expresar pero quizá también la culpa. Aunque el ser querido ya no está, la relación pervive internamente.

Las vivencias dolorosas de la enfermedad, así como el desgaste físico y emocional del tiempo de cuidado, suelen emerger también después, en el proceso de duelo. La intensidad de lo vivido pasa factura. Mientras el enfermo vivía, la mayor parte de energía y atención estaban volcadas en él, así como en adaptarse a las demandas continuas y cambiantes de la situación. Cuando la persona falta, uno se encuentra cara a cara consigo mismo. Surgen entonces todas las emociones y recuerdos que no hubo tiempo de digerir y elaborar.

Como bien indica la palabra, el duelo es el camino del dolor. Sin embargo, no existe un itinerario fijo, pues cada persona vive, expresa y elabora de manera distinta cada una de sus pérdidas. El duelo es propio, único. Cada cual necesita su tiempo para sanar y reponerse de la ruptura definitiva que implica una muerte cercana, que nunca es comparable a la experiencia de los demás.

Los familiares que comparten sus vivencias en este libro han atravesado esa crisis que transforma poco a poco la aflicción y el caos que sigue a la pérdida en otra cosa, en una renovada esperanza. La persona que marchó, a través de su actitud y de su muerte, ha dejado en ellos semillas que con el tiempo crecieron y abrieron nuevas posibilidades en su vida y en su ser.

Pero no solo al morir en paz se dejan simientes valiosas en las personas del entorno. Cuando el doliente consigue asumir los recuerdos dolorosos pueden emerger los momentos de calma o de conexión que también existieron. El duelo invita a tomar conciencia del poso que ha dejado en nuestro interior el ser querido que partió.

8

TODA MUERTE ES LUMINOSA

«La radiante luz del sol, el claro de luna o la lumbre del fuego
son mi propia luz, que ilumina el universo entero.»

BHAGAVAD GITA

En el proceso de morir puede haber lucha o resistencia, pero en algún momento se producirá esa entrega o rendición que lleva a un estado de mayor paz, aunque sea en el último instante, al expirar. Sin embargo, cuando esta paz aparece antes resulta iluminadora. Supone un beneficio tanto para el que marcha como para los que quedan. Facilita las vivencias difíciles que implica la enfermedad y posiblemente también el tránsito final, a la vez que puede dejar un impacto positivo y transformador en los acompañantes.

Toda muerte es luminosa, entendida como un encuentro con la propia esencia, con lo más íntimo y trascendente. Este umbral definitivo nos conecta de hecho con lo que está más allá de nosotros mismos, que tendrá un significado distinto para cada persona.

Algunos entienden la trascendencia como el ser verdadero que traspasa los límites del propio cuerpo y la personalidad. Según las tradiciones espirituales, es lo que perdura tras la muerte, por lo que familiarizarse antes con ello ayuda a afrontar el final pero también a vivir con mayor conciencia y bienestar. Se dice que en el momento de morir la amplitud de la propia esencia —descrita en filosofías orientales como un cielo vasto e ilimitado que siempre está presente aunque se encuentre cubierto por las nubes— se muestra en todo su esplendor, una vez que caen los velos que la limitaban y oscurecían.

Para otros, lo trascendente está ligado a lo sagrado, entendido como una realidad superior que sostiene y acompaña. Puede ser llamado Dios, Alá, Atman, Conciencia Suprema, Universo... Lo inefable parece mostrarse a través de diversas formas e interpretaciones. Mientras que para algunas personas lo relevante será sentirse parte de algo mucho más grande que tiene sentido por sí mismo y resulta tangible, como puede ser la naturaleza o la vida.

Para quienes no creen que haya algo más allá de la muerte, la trascendencia se expresa mediante su capacidad de amar o en lo que dejan a los demás. Les reconforta saber que seguirán vivos en la memoria de sus seres queridos, en el amor que permanece, en las creaciones o aportaciones realizadas, en el legado positivo que hayan podido brindar a otras personas o a la sociedad.

Sea cual sea el significado que se dé a la muerte, quienes se acercan a ella suelen tener una necesidad más acuciante de sentido y trascendencia. Esas necesidades, que son descritas como espirituales, se expresan en tres direcciones. En relación con uno mismo y la propia interioridad, a través de una búsqueda de sentido y de coherencia en los propios actos. En relación con los demás, con la necesidad de amar y ser amados, de reconciliarse y sanar heridas relacionales. Y en el ámbito transpersonal, con la necesidad de sentir que algo de uno mismo trascenderá y sobrevivirá a la propia muerte.

Recuerdo a una persona, Andreu, que al ser consciente de la proximidad del final quiso elaborar un escrito especial para que fuera leído el día de su entierro. Tras ayudarle a realizar esta labor, con lágrimas en los ojos, me dijo algo que me impactó profundamente: *«Por favor, no me olvides»*. ¡Qué difícil es afrontar la propia desaparición! ¡Y qué importante sentir que se permanece de algún modo en los demás!

Cuando aparece una de estas necesidades espirituales y no puede ser resuelta, se produce un gran sufrimiento. Por eso es tan importante que la familia y los profesionales aprendan a detectar y atender ese dolor velado, del que la persona no hablará si no encuentra el espacio y la seguridad para abrirse en confianza.

Es preciso recuperar una concepción del morir como experiencia espiritual. Lo que sucede en esos momentos va más allá del ámbito puramente físico y material, del mundo emocional y de los pensamientos, pues con la muerte nos adentramos en ese territorio que roza el misterio y al que cada persona conferirá un sentido particular.

La palabra espiritualidad a menudo genera confusión, pues se asocia a religiosidad, pero en realidad alude a algo mucho más amplio. Supone ese anhelo de plenitud que está presente en todo ser humano, la aspiración a alcanzar cierta realización, ya sea a través de lo que se ofrece al mundo, de las relaciones o de la conexión con algo superior. Es lo más interno e íntimo de uno mismo, la propia autenticidad, a menudo escondida detrás de la máscara de la personalidad. Es lo inmaterial, invisible a los ojos, pero no por ello menos real.

Por eso se considera que toda persona es espiritual en cierto sentido, aunque ella misma no se reconozca como tal. Se trata de algo inherente a nuestra naturaleza, como lo es tener un cuerpo, una mente racional o considerarnos seres sociales. En todos está presente esta necesidad de conexión y este impulso hacia la armonía, pese que a veces se olvide o permanezca oculto.

La religión supone un camino concreto para desarrollar la experiencia de lo trascendente y vincularse con ella, mientras que la espiritualidad es esa experiencia propiamente dicha, que puede vivirse de formas muy diversas y en diferentes niveles de profundidad. A veces desde una visión existencial basada en valores intrínsecos y humanistas, otras, incluyendo una concepción que va más allá de esta vida.

Pero más allá de tener ciertas creencias, se trata de cómo se viven y se utilizan. Seguir ciertas prácticas y dogmas aprendidos que no llegan a ser interiorizados puede llevar a una espiritualidad poco madura e incluso rígida, mientras que a veces se elabora una fe con raíces más profundas, fruto de haber experimentado en uno mismo alguna de las verdades que se afirman.

La enfermedad puede despertar una crisis existencial, pues si las creencias o la propia filosofía de vida no están bien enraizadas se tambalearán. Esta circunstancia vital va despojando poco a poco a la persona de aspectos que previamente definían su identidad. La profesión, el lugar que se ocupa en la familia, las funciones que se realizan, los intereses y las actividades, los propios valores y experiencias, la imagen física... ¿Qué ocurre cuando todo o gran parte de esto cambia? Este escenario adverso, con tantas pérdidas dolorosas y grandes renuncias, es al mismo tiempo una invitación a mirar hacia lo esencial.

Conforme se van desprendiendo capas y capas de aquello que la persona creía ser, va quedando lo más nuclear. Se trata de un movimiento —forzado por las circunstancias— para ir de la periferia hacia el centro, hacia lo que realmente somos, donde puede emerger la vivencia de un yo más profundo.

Estos cambios que conlleva la enfermedad pueden ser vistos como una preparación para la última gran transición que supone la muerte, cuando llega la hora de soltarlo todo completamente y rendirse a lo que sucede.

Sin embargo, la rendición tiene mala fama. Se relaciona con abandonar la lucha, con claudicar. Demasiado a menudo se utilizan términos bélicos para hablar de la enfermedad, sin tener en cuenta que se trata de una situación azarosa que nadie elige. La muerte llegará en algún momento, es algo natural, aunque esté rodeada de circunstancias injustas. Rendirse supone asumir lo que está aconteciendo sin pretender que sea diferente, aunque no guste. Permitir la oleada de dolor emocional para poder atravesarlo. Es abrir la mano para soltar, en lugar de cerrar el puño buscando controlar lo incontrolable.

Cada persona necesitará su tiempo para llegar a este punto. El cambio se da en el cuerpo, la mente y el espíritu, y puede suponer tanto vivencias difíciles como luminosas. Pero cuando acontece la rendición total, se produce una apertura que surge de dentro hacia fuera, y el estado de conciencia de la persona cambia para abrirse a un ámbito más amplio, en ocasiones más allá de las percepciones habituales.

Morir no es solo un proceso físico, pues también tiene lugar una transformación psicológica y espiritual. Se inicia en la enfermedad, pero en los días u horas postreras se desprenden las últimas capas que dejan al descubierto la esencia desnuda. En ese momento la persona se encuentra más allá de sus necesidades y preocupaciones, cada vez más desapegada de esta realidad y más integrada en la espaciosidad del espíritu.

Este proceso interno se muestra a través de signos visibles o incluso verbalizaciones directas de la persona, quien puede expresar —si le resulta posible hablar— que se siente tranquila, en paz. Pero también se revela a un nivel muy sutil, como cambios en el ambiente que se respira en la habitación o una clara relajación en el cuerpo y el rostro. Decía Elisabeth Kübler-Ross que poco antes de la muerte se manifiesta una apacible solemnidad.

Muchas tradiciones espirituales asocian el morir con una vivencia luminosa, y la luz es un elemento predominante en las experiencias cercanas a la muerte, cuando alguien que ha estado clínicamente muerto durante unos minutos retorna a la vida. La mayor parte de estas experiencias son plácidas, aunque un pequeño porcentaje habla de vivencias aterradoras. Cuando aparece este aspecto luminoso, se suele describir con sensaciones agradables, como una luz que envuelve y atrae, expresión última de amor y de paz inconcebibles.

Al morir, puede que suceda lo que afirman quienes han cruzado por unos instantes ese umbral, pese a que resulte imperceptible para los acompañantes. Muchas personas que han tenido experiencias de ese tipo explican que han perdido el miedo a la muerte. Unos le darán una explicación científica, otros lo interpretarán como una prueba de que la conciencia perdura.

La luz es un símbolo universal del espíritu. Se identifica también con el conocimiento y la divinidad, así como con los aspectos más radiantes del ser. Personas que experimentan estados meditativos profundos refieren sensaciones internas de luminosidad, como si esta fuera una cualidad del contacto con la esencia.

Hablo de muerte luminosa aludiendo precisamente a esa claridad y esa paz que parece estar presente en algún momento al morir y que algunas personas sienten antes de fallecer. Este proceso puede ser visto únicamente desde su vertiente dolorosa y sombría, pero también como la culminación de una vida, donde se muestra algo absolutamente natural y sublime.

La vela antes de apagarse puede resplandecer con más intensidad. Y al morir se manifiestan aspectos esenciales que iluminan a los que quedan.

9

LA ACEPTACIÓN NO ES LA META, ES UN CAMINO

«El crecimiento comienza cuando empezamos a aceptar nuestras propias debilidades.»

JEAN VANIER

A veces la paz viene de la mano de la aceptación, cuando la persona asume su propia muerte. Pero también puede acontecer sin necesidad de saber o ser plenamente consciente de la posibilidad cercana de morir. La aceptación surge sin que medie la razón, a un nivel más inconsciente o de forma natural. Una prueba de ello son las muertes plácidas que en ocasiones vemos en algunas personas con enfermedad de Alzheimer o con pérdidas de memoria graves, en las que el cuerpo simplemente se va apagando sin mostrar inquietud o malestar.

Pero ¿es posible realmente llegar a aceptar la propia muerte? Los modelos psicológicos explican que para adaptarse a una realidad nueva y dolorosa, como puede ser saber que se acerca la última etapa, es preciso realizar un proceso emocional. La aceptación sería la consecuencia de una buena adaptación. Ahora bien, ¿es siempre necesario alcanzar este punto? ¿Pueden existir otras maneras de afrontar que también ayuden a vivir esta situación lo mejor posible?

Muchas veces he escuchado a algunas personas decirles a otras, o incluso decirse a sí mismas: «*Es mejor aceptarlo*». Por supuesto, se trata de una actitud que puede facilitar el camino de la enfermedad grave, pero es preciso recordar que no se llega a ella mediante la voluntad. Aunque se desee asumir lo que resulta angustioso, no siempre se consigue, por más que se repitan —por parte de otros o internamente— frases de este tipo.

No se trata de algo que se pueda imponer, pues también habrá a quien le sirva lo contrario: evitar enfrentarse a esa realidad tan cruda sin mirarla de frente, o intentar exprimir al máximo la vida sin plantearse mucho más. ¿Quiénes somos nosotros para opinar cómo se debe encarar la etapa final?

Con la aceptación, existe el peligro de desear obtener el fruto sin pasar por el proceso. En nuestra sociedad solemos ser expertos en buscar atajos para eludir el sufrimiento. Deseamos llegar a la calma evitando pasar por las emociones difíciles que aparecen, pero entonces no tiene lugar una verdadera transformación.

Esta actitud puede darse a diferentes niveles. En ocasiones se trata de una aceptación cognitiva que utiliza la capacidad de razonar para encontrar sosiego. La persona puede hablar de su propia muerte como algo que debe asumir al formar parte de la vida. O buscar refugio en sus creencias espirituales, apoyándose en ideas que le aportan consuelo como, por ejemplo, que la muerte en realidad no existe o que lo que suceda está en manos de Dios o del destino. Esta aceptación tiene un efecto protector, pues ayuda a soportar lo que aflige, pero si se produce únicamente de forma intelectual puede mantener a la persona desconectada de sus propias emociones.

Mientras sea de ayuda está bien. Sin embargo, es posible que al aumentar la intensidad del sufrimiento, cuando los razonamientos dejan de dar respuesta, esta actitud de aparente conformidad pueda desmoronarse.

Pero existe otra aceptación más profunda e integrada que solo puede surgir tras reconocer y atravesar el sufrimiento que genera la conciencia de la propia mortalidad. Aunque se crea que la muerte es un tránsito a otro plano, confrontarse con el propio fin, sin abstracciones, no resulta fácil. Es normal que se despierten preocupaciones, algún temor, tristeza, dudas o sentimiento de culpa.

Cuando la persona se permite sentir el miedo; cuando se deja ir, sin defenderse, en la pena y el dolor por lo que ha de dejar; cuando reconoce la rabia que le generan las pequeñas o grandes cosas que le ocurren… conecta con su verdad. A partir de ahí, tras elaborar ese pesar tan natural y tan humano, podrá producirse el auténtico desprendimiento. Como un fruto maduro, algo se suelta, y es posible asumir la realidad por muy dolorosa que resulte.

Es una experiencia que no se puede acelerar, sino que necesita un tiempo de maduración. No puede forzarse, solo puede vivirse desde dentro. No es un proceso lineal, pues tiene muchas idas y venidas, así como oscilaciones.

Esta aceptación supone la actitud activa de no resistirse a lo que acontece. Es la rendición de la que hablábamos, muy diferente de la resignación pasiva que inmoviliza. Cuando alguien se resigna más bien trata de aguantar el dolor —no lo atraviesa—, al verse impotente frente a las circunstancias. Mientras que, al aceptarlo, conserva cierta sensación de capacidad. Aunque deba renunciar a cosas importantes, busca otras maneras de conseguir el mismo fin, con lo que mantiene así su integridad.

Una persona, por ejemplo, puede resignarse y meramente esperar a que llegue la muerte. Quizá se muestra aparentemente calmada, con una pasividad abatida, pero en su interior hierven emociones y un sufrimiento callado. Su objetivo se centra en dejar pasar los días, pues la realidad le resulta demasiado abrumadora. A veces lo que se afronta es tan difícil que no es posible hacer más.

Sin embargo, si esa misma persona inicia en algún momento el camino hacia la aceptación, probablemente la veremos más triste o frustrada, más conectada con sus emociones reales, pero también más abierta al contacto con los demás. Y existe la posibilidad de que en algún momento pueda soltar parte de ese dolor si logra asumir sus circunstancias. A pesar de las enormes pérdidas que vive, podrá apreciar aspectos que le permiten seguir siendo ella misma: en lo que hace, cómo habla a los que la rodean, lo que puede disfrutar, lo que decide…

Recuerdo a una mujer a quien le dolía especialmente no poder seguir cuidando de los suyos como quería. Por supuesto, no le gustaba lo que le tocaba vivir, hubiera preferido mil veces disponer de más años para acompañar a sus hijos y a su familia, pero logró aceptar que esa era su situación real, aunque no fuera deseada. A pesar de estar postrada en una silla, su energía estaba especialmente dedicada a proseguir con su labor de madre mientras pudiera: dando atención a sus hijos, ofreciéndoles consejos valiosos, transmitiéndoles cosas importantes para ella...

En la resignación suele haber desconexión —de uno mismo, de los demás, de lo que resulta significativo—, mientras que en la aceptación hay conexión. Sin embargo, a veces la enfermedad no concede el tiempo suficiente para que se pueda dar este cambio.

Dice la filósofa Monica Cavallé que la serenidad es el aroma de la verdadera aceptación. Cuando acontece esta entrega hacia lo que se vive o se tendrá que vivir, algo se apacigua internamente. Entonces, de manera natural, pueden surgir pensamientos o conclusiones, palabras realmente sentidas que nacen de dentro y que vienen de un lugar muy distinto de cuando surgen del intelecto.

Este tipo de aceptación es la que puede conducir a una paz genuina. Permite trascender el sufrimiento precisamente porque no lo evita: va más allá de él.

Pero aunque se asuma la propia muerte, siempre estará el dolor de la pérdida. No deberíamos idealizar la aceptación, pues nunca se trata de blanco o negro, sino de matices y momentos. Una persona puede aceptar su realidad y seguir sintiendo la tristeza de tener que despedirse, o vivir igualmente momentos de abatimiento o desasosiego. Nuestra naturaleza es cambiante, el estado anímico y mental varía, más aún ante circunstancias tan intensas e inestables. Pero cuando la aceptación es profunda ofrece una base de estabilidad y confianza interna a la que es posible volver con mayor facilidad.

Aceptar realmente la propia muerte es algo mayúsculo, que puede empezar por asumir lo que se experimenta en cada momento.

¿Es posible tener una actitud de aceptación hacia los pensamientos o emociones que surgen?, ¿hacia lo que toca vivir en este instante? Incluso en circunstancias vitales mucho más fáciles que la enfermedad avanzada descubrimos lo complejo que resulta cultivar esta actitud.

No suele ayudar plantearse la aceptación como una meta o un objetivo sino más bien como un camino. A veces a uno le gustaría encontrarse en un lugar distinto del que está. Preferiría sentirse más en paz cuando en realidad se percibe frustrado y dolido. Asumir precisamente estas emociones, sin autoengaños ni reservas, supone en sí mismo un paso de aceptación, tal vez el más importante.

Todos nos protegemos ante el dolor, especialmente el dolor emocional. De manera automática se generan estrategias para evitar conectar con eso que nos hace sentir vulnerables. Y, ¿existe mayor vulnerabilidad que saber que la enfermedad avanza y la muerte se acerca? Resulta natural, por lo tanto, que las defensas —como mecanismos de protección de la persona— se activen, a la par que la alejan del contacto sincero con ella misma, con los demás y con lo que le sucede.

Ante el sentimiento de fragilidad nos queda algo muy humano: reconocer lo que es y lo que sentimos. No es algo fácil, ni inmediato. Implica acercarse a la propia experiencia interna, tomando conciencia de las emociones, las actitudes, las sensaciones o los pensamientos que van surgiendo.

El camino de la aceptación supone respetarse a uno mismo y a la propia vivencia, con una mirada comprensiva, y empieza aquí y ahora.

10

¿HACE FALTA ESPERAR AL FINAL?

«Lo más personal es lo más universal.»

CARL ROGERS

Ser consciente de la propia muerte puede despertar un sentido de urgencia. Conocer que el tiempo del que se dispone es finito invita a priorizar lo esencial y a apreciar la gran oportunidad que brinda el momento presente.

Todos tenemos asuntos que posponemos pero que cobrarían mayor relevancia si tuviésemos que afrontar una enfermedad grave. Algunos implican cuestiones prácticas, como poner en orden aspectos que preocupan, o realizar el testamento o el documento de voluntades anticipadas. A veces se trata de cosas que se desea cumplir o de proyectos que se preferiría finalizar o bien delegar. Pero la mayor parte de asuntos pendientes tienen que ver con las relaciones personales, como la necesidad de reconciliarse, de expresar amor o gratitud, de pedir perdón o de perdonar.

Durante el proceso de enfermedad muchas personas se percatan todavía más si cabe de lo importantes que son para ellas sus seres queridos. La adversidad supone una prueba de fuego para las relaciones. Se producen encuentros y desencuentros, aumentan en algunos casos la cercanía y el afecto sincero, mientras que en otros, por diferentes motivos, crece el conflicto o un muro invisible de distancia y silencio.

Los profesionales de cuidados paliativos a menudo somos testigos privilegiados de confesiones conmovedoras: un padre explica delante de la familia lo bien cuidado que se siente y que ahora más que nunca se da cuenta de lo mucho que lo quieren; una esposa le dice a su marido enfermo que sin dudar elegiría de nuevo casarse con él; un hijo agradece a su madre con un largo abrazo lo mucho que ha recibido de ella... Son palabras y gestos sentidos que quedan grabados para siempre en la memoria, tanto de los protagonistas como de los que somos meros espectadores.

Pero otras veces las heridas son tan profundas y las relaciones están tan rotas que resultan irreconciliables. O la necesidad de acercamiento surge por una de las partes, pero no es compartida por la otra. También existen familias que no están acostumbradas a expresar afecto o a hablar con verdadera honestidad de temas personales; para ellas supone una exigencia extra o algo totalmente artificial intentar relacionarse de manera distinta.

Sin embargo, la necesidad de conexión —estableciendo una relación auténtica, expresando de manera libre y espontánea el afecto, con un contacto sincero y próximo— es inherente al ser humano. Y al vivir una enfermedad grave esta necesidad tiende a intensificarse. Este momento de especial vulnerabilidad puede empujar a la persona a traspasar sus barreras de miedo, vergüenza, orgullo..., para que se produzcan encuentros significativos.

Es lo que Balfour Mount, el médico canadiense que introdujo los cuidados paliativos en Norteamérica, describió como las conexiones sanadoras. Se pueden dar en relación con uno mismo, conectando, por ejemplo, con la vivencia interna y el propio potencial; con los demás, creando vínculos genuinos, expresando y recibiendo afecto; con el mundo fenomenológico, a través de la belleza, la naturaleza, la música; o con el significado supremo, mediante la sensación de unidad o el encuentro con lo divino o lo trascendente.

Se trata de experiencias que nos hacen sentir especialmente vivos, reales y auténticos, aportándonos una sensación de seguridad y de sentido. Aunque esta necesidad de conexión está siempre presente, al saber que el tiempo apremia y las oportunidades se agotan, la persona puede no querer dejarlas escapar.

Tanto si alguien sabe que le quedan meses como si piensa que tiene toda la vida por delante, la muerte es una realidad que tarde o temprano tendrá que afrontar. Y a menudo llega sin avisar. La cuestión es: para dar valor a lo que realmente importa, para resolver lo que está pendiente, para poner palabras a lo que se necesita expresar, para reflexionar sobre la propia vida y el morir... ¿hace falta esperar al final?

En ocasiones existe una idea romántica de la última despedida, en la que se producirán grandes reconciliaciones o expresiones de amor. Pero no suele ser así. La persona cercana a morir con frecuencia tiene la conciencia obnubilada, durante la enfermedad pueden faltarle fuerzas para realizar lo que desearía, y un fallecimiento abrupto o antes de lo esperado puede segar de repente todas las posibilidades. A veces esperar al final puede suponer llegar tarde.

¿Ser conscientes de la muerte nos puede ayudar a vivir más despiertos y conectados? Todo depende de cómo se utilice esta conciencia. Anticipar obsesivamente el propio final o el de las personas allegadas puede ser una fuente de angustia y sufrimiento. Mientras que, por otro lado, como dice el psiquiatra y psicoterapeuta Irving Yalom, afrontar la muerte puede ayudar a disipar el temor y la oscuridad que suscita.

Mirar hacia esta realidad, como sucede al observar la inmensidad del cielo estrellado, ensancha la visión que se tiene de uno mismo y del mundo, y sitúa las cosas en otra medida. Algunas pierden importancia, otras, en cambio, la ganan.

¿De qué me lamentaría si tuviera que morir? ¿Qué me gustaría realizar antes si pudiera? Son preguntas que precisan una reflexión calmada. Hay aspectos que definitivamente no dependen de nosotros, pero algunas respuestas apuntarán hacia lo que es necesario cultivar previamente para sentirse lo más en paz posible.

Tener presente la muerte puede ser un camino espiritual, en la medida que invita a adentrarse en cuestiones íntimas y existenciales, con la aspiración de lograr una mayor realización personal. Pensar en la finitud nos conecta directamente con el misterio, con lo que está más allá de uno mismo, pero también con la responsabilidad individual que se expresa a través de las actitudes y decisiones.

Hablo de una espiritualidad vivida aquí y ahora, que puede estar o no ligada a un credo en particular. Lejos de ser utilizada para evadirse de la realidad cotidiana, se integra en la propia vida buscando actuar en coherencia con lo que nos guía internamente. Supone un ejercicio de transparencia, de darse cuenta y ser honesto con uno mismo, e implica un trabajo psicológico de autoconocimiento.

Como individuos estamos llenos de contradicciones, incoherencias e imperfecciones. No se trata de ser perfectos, ni tampoco de esperar una muerte ideal, sino de reconocerse en esa humanidad completa, con sus claroscuros, sabiendo que todos tenemos heridas que en cierto modo nos limitan y condicionan. Pero en la medida en que es posible conocerlas, algo de la relación con uno mismo y con los demás puede sanar.

«Estamos organizados biológicamente para estar mejor que bien», escribe el neurocientífico portugués António Damásio. Existe, por lo tanto, una fuerza natural en todos los organismos que insta no únicamente a sobrevivir, sino a florecer.

Cuando el proceso de morir no encuentra impedimentos ni grandes nudos emocionales tiene lugar una apertura natural, un florecimiento, y puede surgir un estado esencial muy auténtico. Las emociones brotan con facilidad y se calman, la persona está muy conectada con su vivencia interna y a menudo se abre —si le resulta posible— a una comunicación sincera y genuina con quienes le rodean.

Quizá parte de nuestra tarea en esta vida sea prepararnos para poder abrirnos con suficiente confianza en ese momento clave. Aflojando resistencias, atravesando miedos y expectativas, aceptando lo que sucede. Los testimonios de este libro nos muestran que es tan importante morir bien como vivir lo mejor posible hasta el final.

TESTIMONIOS

*«Caed, pétalos del ciruelo,
caed. Y dejad el recuerdo
del aroma.»*

MINTEISENGAN,
HAIKU ESCRITO EN EL UMBRAL DE LA MUERTE

ODINA

Dejar un buen legado

Nuestra madre murió joven, a los 53 años. Cuando fue consciente de que su final estaba cerca dedicó parte de su tiempo a elaborar un documento personal dedicado a sus seres queridos, donde nos transmite sus vivencias y sentimientos. En él nos dejó escrito: «*Si marcho pronto, recordad que he sido feliz y que mi vida ha sido plena*». Tenía el deseo y la esperanza de que sus palabras nos acompañaran en su ausencia.

Dentro de la desgracia, recibir ese regalo tan especial una vez falleció nos hizo sentir unas hijas muy afortunadas. De algún modo nos estaba cuidando incluso sin estar ya presente. Es lo más preciado que conservamos de ella y cada vez que lo leemos nos ayuda a sentirla cerca. Esas páginas contienen la esencia de su persona, sus bromas, su actitud detallista, así como mensajes llenos de amor. Es un legado precioso. Un canto a la vida.

Se llamaba Odina, y siempre decía que la vida era muy bonita. A veces nos desconcertaban esas palabras, pues había pasado por muchas adversidades... La vida no fue precisamente amable con ella. Tuvo su primer cáncer cuando éramos pequeñas. La segunda vez que enfermó estábamos en plena adolescencia y para ella fue toda una hazaña superar de nuevo la enfermedad. Al recuperarse se sintió orgullosa y pletórica. «*¡He podido!*», exclamaba.

Al cabo de un tiempo de estar clínicamente libre de enfermedad nuestros padres se separaron. Fue un momento muy complicado para ella y para toda la familia. Cuando empezaba a estar de nuevo animada tras ese revés apareció la enfermedad por tercera vez, en esta ocasión más extendida y sin posibilidades de curación. Le hablaron de entre uno y tres años de supervivencia. ¿Cómo se logra asumir que te queda tan poco tiempo de vida? Fue un golpe terrible. Lo vivió con mucha rabia e impotencia. Era tan injusto... Nosotras teníamos entonces 24 y 22 años.

Cuando te pasa una cosa así piensas que no la podrás soportar; sin embargo, luego te das cuenta de que eres mucho más capaz de lo que hubieras imaginado. Sin saber cómo, aprendimos a convivir con la posibilidad de que muriera. Ella mantenía su confianza en el tratamiento y en la ciencia.

Durante ese año y dos meses que sobrevivió al tercer cáncer hubo momentos muy duros, pero también otros en los que fuimos realmente felices. Sí, cuesta creerlo, pero es posible ser feliz incluso sabiendo que el final está cerca.

¿Qué nos ayudó a conseguirlo? Para empezar, su actitud. Nuestra madre fue todo un ejemplo de cómo encarar la enfermedad con valentía y alegría. Lo cual no significa que ocultara su malestar. En muchos momentos la vimos frustrada, rabiosa, triste, abatida... Era muy difícil para nosotras verla así, pero preferíamos eso a que disimulara su dolor.

Compartir lo que vivíamos internamente hizo que estuviéramos muy unidas. No hubo barreras. Las tres teníamos la misma información sobre la enfermedad y durante todo el proceso pudimos expresar lo que pensábamos y sentíamos. De hecho nuestros miedos e inquietudes eran muy similares.

Marta: Recuerdo un día en que me puse a llorar y le dije: «*Es que te echaré mucho de menos...*». Y ella llorando respondió: «*Yo tam-*

bién…». Después de un silencio añadió: «*Pero piensa que estaré siempre contigo*».

Natalia: Yo a veces le decía: «*Mamá, no te dejaré marchar*». «*¿Y cómo lo harás?*», decía ella. «*Me pondré a los pies de tu cama y te sujetaré*», bromeé en más de una ocasión. Tras reírnos un rato me explicaba: «*Para que pueda morir bien necesitaré que me dejes marchar. De lo contrario será mucho más doloroso para mí. Al otro lado me estarán esperando personas queridas*». Esa era su esperanza: reencontrarse con sus familiares fallecidos.

Nuestra madre nos educó y preparó para lo que en algún momento iba a suceder. Había perdido a su hermano muy joven de una muerte fulminante y después, cuando afrontaba su primer cáncer, a su madre, a la que estaba muy unida. Estas dos experiencias la marcaron profundamente. Atravesar esos duelos permitió que fuera muy consciente de lo que sentiríamos nosotras cuando ella faltara. Sabía que sufriríamos irremediablemente, pero así como ella había logrado superarlo, tenía plena confianza en que nosotras también seguiríamos adelante. A menudo nos decía: «*Puedes llorar o estar mal, pero después te limpias la cara y tiras adelante*».

Hablar nos ayudó a prepararnos. No quedó nada por decir y eso nos dio mucha paz, mucha tranquilidad. Tenemos la sensación de que aprovechamos muy bien el tiempo.

Natalia: Para mí era importante que mis futuros hijos tuvieran algo hecho por mi madre, así que le pedí que me bordara unos baberos. Si no hubiera podido expresarme tan libremente ahora no los tendría. Habría perdido esa oportunidad.

A partir de cierto momento decidimos regalarnos tiempo compartido en lugar de obsequios materiales. Un año antes de morir la ingresaron por una descompensación. Estuvo unos días muy grave y totalmente confundida. Como no estaba lúcida, pensamos que era el final y que no sería posible despedirnos. Entonces hicimos una lista de cosas que podríamos hacer si conseguía reponerse: ir a tomar un helado a ese lugar que tanto le gustaba, comer una paella en un restaurante especial... Cosas simples y agradables que echábamos de menos en el hospital. Por suerte pudimos hacerlas todas. Esos recuerdos bonitos también nos han reconfortado en el duelo.

Marta: Siento que la pérdida de mi madre me ha ayudado a vivir más intensamente, sin anticipar tanto lo que pueda pasar. Disfruto más el momento. No es que me obsesione la muerte, pero tengo muy presente que ahora estoy aquí, pero no sé si lo estaré mañana o dentro de un mes. Por eso procuro no esperar a hacer lo que realmente es importante para mí. Creo que deberíamos apreciar más el tiempo, no solo al padecer una enfermedad, sino siempre.

Pese a encontrarse tan limitada, nuestra madre era más optimista que muchas personas. A menudo la descubríamos tarareando «Gracias a la vida, que me ha dado tanto...». Y nosotras pensábamos: «¿Cómo puede estar agradecida con todo lo que está pasando?». Realmente sentía un gran amor hacia la vida.

Días antes de morir la vimos llorar con una profunda tristeza y con rabia. Nos dijo que no quería marcharse, pues su voluntad de vivir seguía intacta, pero que su cuerpo ya no podía más. Durante la última semana en casa la teníamos que ayudar a levantarse, ya casi no caminaba... Empezó a ver que era una carga para nosotras.

Marta: Cuando el médico de urgencias me informó de que le quedaban solo unos días lloré muchísimo. Extrañado, él me preguntó si no sabía que estaba tan enferma. ¡Claro que lo sabía!, pero no esperaba que fuera en ese momento. Siempre deseas más tiempo.

Fueron cuatro días de incredulidad y de ir asumiendo que era el final. Procuramos que marchara tranquila, diciéndole que nosotras estaríamos bien y que nos mantendríamos siempre unidas. Fueron momentos muy íntimos. Había mucho amor y armonía, pues aceptábamos lo que estaba sucediendo. Quizás un año antes no hubiéramos sido capaces, pero en ese momento sentíamos que, aun con dolor, la podíamos dejar ir.

Falleció justo en el momento en que fuimos a comer a la cafetería del hospital, mientras nuestro padre la estaba acompañando. Nos parece que el vínculo que teníamos con ella era tan fuerte que decidió irse cuando no estábamos presentes.

Natalia: Para mí fue un acto de amor hacia nosotras.

Tuvimos tiempo para despedirnos de su cuerpo en la habitación, pues hasta al cabo de una hora no llegaron los otros familiares. Fue importante acariciarla, permitiéndonos hacer y decir lo que cada una necesitaba. Fue nuestra última despedida. Habría sido una lástima si no nos hubiéramos dado ese tiempo.

A pesar de asumir su pérdida, en nuestro proceso de duelo volvió a emerger toda la rabia y la tristeza por lo que había sucedido. Fue tan difícil acostumbrarse a vivir sin ella... Nos dolía mucho su ausencia.

Ahora, pasados más de tres años de su muerte, podemos decir que el dolor ya no es desgarrador. Es más, sentimos una fortaleza diferente. Sabemos que si hemos podido afrontar la enfermedad y la falta de nuestra madre, tenemos la capacidad de recuperarnos de cualquier desgracia. Al principio creíamos que no podríamos ser felices de nuevo sin ella, ahora vemos que sí.

Nos enorgullece pensar que Odina, siendo plenamente consciente de su final, tuvo la fuerza y la determinación de realizar un escrito donde narraba su historia, sus deseos para las personas que quería y su forma de entender la vida. Quiso añadir fotos de recuerdos significativos al documento y finalmente lo editó como un pequeño libro. También nos escribió cartas personales que guardamos como tesoros.

A veces, en momentos especiales, dejamos que algunas personas lean su testimonio. A nuestra pareja, a algún amigo o amiga que está pasando dificultades... Es una forma bonita de que la conozcan, o de que quizás encuentren alguna luz en su mensaje. Nos consuela saber que cuando tengamos hijos podrán saber quién era su abuela a través de sus propias palabras.

Hoy somos quienes somos gracias especialmente a ella. Cuando alaban nuestro carácter positivo, nuestra congruencia, la alegría con que encaramos la vida pensamos que, en cierto modo, somos un reflejo de lo que nuestra madre nos enseñó. Nuestra persona, nuestra forma de ser, también son su legado. Y eso nos llena de alegría.

MARTA Y NATALIA, HIJAS DE ODINA

En su texto de despedida Odina escribió:

«Realizar este documento y reflejar todos mis sentimientos me permite marchar más tranquila. A través de él mi familia y amigos pueden conocer un poco más de mí. Me reconforta saber que quedaran mis palabras con ellos. Me gustaría que en los momentos más tristes sean una ayuda para los míos.

También me gustaría reducir la sensación de fatalidad de la muerte. En realidad, es un paso. La vida es estar y no estar. Se trata de disfrutar del tiempo que tenemos. Yo pienso que no ha de ser tan traumático el paso de la vida a la muerte, creo que me reencontraré con personas queridas que ya no están aquí.

Es triste dejar a mi familia, pero sé que se recuperarán. Yo también me he recuperado de mis pérdidas. Y espero que puedan aprender de esta experiencia, aunque sea muy difícil.

A pesar de marchar joven, mi vida ha sido plena. Estoy muy feliz con lo que he vivido, y especialmente con las personas que he querido y que me quieren. Recordad esto, para mí es lo más importante.»

* * *

Las personas, aun sin saberlo, continuamente estamos dejando un legado en quienes nos rodean. A través de la actitud y el ejemplo, las palabras, la forma de educar, de acompañar, de relacionarnos... transmitimos valores, afecto —o la falta de él— y una forma de entender la vida. De esta manera dejamos semillas en los demás, con la incógnita de lo que sucederá más adelante con ellas.

Ramón Bayés, profesor emérito de la Universidad Autónoma de Barcelona y doctor Honoris Causa en Psicología por la UNED, cuenta que a veces tiene encuentros fortuitos en los que una persona le confiesa, quizás al cabo de los años, cómo un comentario suyo, una reflexión o una indicación surtieron un efecto importante en su existencia, marcando un giro o una nueva perspectiva. Sin ser conocedor, y a veces ni recordar el evento en sí, esa semilla dio su fruto.

Como seres humanos, nuestra identidad se construye a través de las relaciones que establecemos. Lo que sucede en la interacción tiene un impacto. Algunos impactos merman la confianza y generan malestar e incluso producen secuelas traumáticas. Mientras que otros dejan una huella positiva y duradera.

Conocedoras de que su final está cerca, algunas personas deciden dejar un testimonio, que se puede concretar en un documento, una grabación, cartas, objetos simbólicos o artísticos entregados de manera expresa a alguien querido.

Harvey Max Chochinov, investigador en cuidados paliativos y profesor de Psiquiatría en la Universidad de Manitoba (Canadá), detectó esta necesidad de encontrar consuelo en que algo de uno mismo permanezca y trascienda a la propia muerte. Y elaboró para ello una terapia breve y específica, denominada terapia de la dignidad, que ofrece la oportunidad de crear un documento escrito como legado personal.

Diversas investigaciones muestran que las personas con pronóstico grave expresan un deseo de acelerar su final al sentir una pérdida de dignidad, siendo este factor incluso más decisivo que el dolor u otros síntomas físicos. La enfermedad en sí, la merma de capacidades y de autonomía, la incertidumbre acerca del estado físico o el miedo a la muerte pueden alterar radicalmente la forma como una persona se percibe a sí misma. Y no existe mayor amenaza que sentir que se pierde la propia identidad, aquello que uno es.

Pero ¿qué es realmente la dignidad? En el ámbito de la salud este concepto presenta diferentes y a veces controvertidos matices, y ha sido ampliamente utilizado para defender posturas en favor de la eutanasia. Debido a esta falta de consenso, el doctor Chochinov y su equipo preguntaron directamente sobre su vivencia al respecto a personas con enfermedad avanzada. Observaron que el sentido de dignidad es absolutamente subjetivo y cambiante. Es decir, cada persona tiene una percepción particular de lo que la hace sentir digna o indigna, según las circunstancias que esté experimentando.

En esa investigación la dignidad fue definida como lo que permite a cada ser humano sentir que se respeta su esencia como individuo en la situación en que se encuentra. Chochinov y sus colaboradores descubrieron que el trato que reciben las personas dependientes puede ayudar a preservar o, por el contrario, a degradar la autopercepción de su dignidad, que se encuentra por lo general más vulnerable debido a la enfermedad y a las pérdidas que la acompañan.

El estudio también reveló que uno de los elementos que nos da sentido, y que por lo tanto realza la dignidad, es velar por aquellos que amamos. Con frecuencia las personas enfermas expresan una profunda preocupación por sus familiares, preguntándose: *«¿Cómo les estará afectando esta situación?» «¿Cómo vivirán mi muerte?».*

Sentir, como en el caso de Odina, que a pesar de las limitaciones todavía es posible hacer algo por los demás alimenta la propia valía. A menudo se obvia la importancia de sentirse útil. Pero pensemos por un momento qué ocurre con los objetos que han perdido su utilidad: simplemente son arrinconados o tirados. Algo similar sucede con las personas. Quién pierde la sensación de utilidad puede perder también la motivación para seguir viviendo.

En momentos críticos, como en la enfermedad, existe el riesgo de que aparezca la pesadumbre del sinsentido. La persona puede verse obligada a renunciar a funciones que realizaba en la familia, así como a aficiones y actividades que eran fuente de satisfacción. Quizá no pueda continuar elaborando esas sabrosas comidas que todos disfrutaban, o seguir ayudando con los nietos, o deba dejar la pintura por no tener el pulso o la energía suficiente. Las antiguas formas de sentirse útil ya no sirven, lo que puede despertar un hondo sufrimiento existencial.

Viktor Frankl, el psiquiatra fundador de la logoterapia, decía: *«El ser humano necesita una finalidad para poder vivir, incluso en el final de la vida».* No siempre es fácil encontrarla, especialmente cuando la enfermedad ha arrasado con lo que ayudaba a la persona a sentirse ella misma. Sin embargo, a veces es posible poner el foco en lo que todavía se puede aportar a los demás y a uno mismo.

Nuestro sentido de utilidad suele estar muy ligado en general a la capacidad de hacer, mientras que la limitación de una dolencia grave incita a descubrir finalidades más centradas en simplemente ser. Una mirada comprensiva, un consejo, unas palabras… pueden dejar un poso en el recuerdo de los allegados quizá más relevante que muchas otras acciones.

A veces les digo a las personas que acompaño: las palabras quedan. Es una invitación a que sean conscientes del poder y la trascendencia que tendrá en un futuro próximo, cuando ellos ya no estén, aquello que hoy todavía pueden expresar. Las palabras, dichas o escritas, pueden ser sentencias que pesen en el alma de por vida o, por el contrario, ser utilizadas para sanar viejas heridas, ofrecer reconocimiento y gratitud, o dejar mensajes plenos de confianza y amor.

Odina decidió realizar la terapia de la dignidad cuando se le propuso. En esta terapia, el trabajo de legado se elabora conjuntamente con un profesional debidamente formado. Consiste en una entrevista semiestructurada que se realiza en una o dos sesiones que se graban. Posteriormente se transcriben procurando recoger las expresiones de la manera más fidedigna posible.

El terapeuta invita a la persona a realizar un repaso de la trayectoria de su vida, a describir sus pensamientos, sentimientos y valores, a hablar de sus mayores logros y aprendizajes, así como a expresar deseos y sueños para sus seres queridos. Tal y como recalca H. M. Chochinov, la terapia utiliza un enfoque positivo, que refuerza especialmente lo más valioso y busca la parte constructiva de las vivencias difíciles.

El objetivo es ayudar a la persona a extraer lo mejor de sí misma para elaborar posteriormente un documento significativo que pueda compartir con quienes desee. Las investigaciones confirman que esta terapia es eficaz en personas con una enfermedad avanzada, pues aumenta su sentido de dignidad y alivia el sufrimiento existencial. Pero también ha demostrado ser beneficiosa para los familiares o amigos que reciben el escrito, pues en general perciben que la terapia ayudó a su ser querido y también les ayuda a ellos mismos durante el proceso de duelo.

Sin embargo, realizar este tipo de trabajo de legado no está exento de riesgos, dado que se trata de un material muy sensible y resulta sumamente importante medir el impacto que tendrá en los allegados. Por esa razón se realiza siguiendo un metódico protocolo, cuidando todos los pasos para que el documento no genere ningún tipo de malestar y resulte, como describen las hijas de Odina, un preciado regalo que ayude a sentir la proximidad de quien lo elaboró.

Por supuesto, no todas las personas tienen la necesidad ni tampoco la oportunidad de dejar este tipo de documento personal. Para empezar, es preciso tener cierta conciencia de la situación de amenaza vital y ha de existir un claro deseo de transmitir un testimonio y un mensaje. Se trata de una buena herramienta terapéutica, pero poco instaurada aún en España por escasear los profesionales con formación específica para desarrollarla. Algunas personas eligen otras maneras de transmitir su legado, siendo conscientes de lo que desean ofrecer a los demás o a la sociedad.

Decía Carlos Cristos, médico y protagonista del documental *Las alas de la vida*, que recoge su vivencia con una enfermedad terminal: «*No importa que la leña se consuma si al arder da buen fuego*». Tomar conciencia de lo que se deja en los demás permite conectar con esta significativa forma de trascendencia.

«Conocer a los demás es sabiduría.
Conocerse a sí mismo es iluminación.
Vencer a los demás requiere fuerza.
Vencerse a sí mismo requiere fortaleza.

Quien consigue sus propósitos, es voluntarioso.
Quien sabe contentarse, es rico.
Quien no abandona su puesto, perdura.
Quien vive en el eterno presente, no muere.»

LAO TSÉ, *TAO TE CHING*

ARNAU

De la lucha a la aceptación

La muerte de nuestro hijo Arnau es lo más duro que hemos vivido, pero ahora, cuando casi se cumplen cinco años de su fallecimiento, podemos decir que esa experiencia nos ha abierto un mundo nuevo. Que se muera un hijo te pone al límite de lo que puedes soportar. No quieres que pase de ningún modo, pero si te toca lo que no puedes hacer es esconderte, no te queda más remedio que vivirlo.

La actitud de Arnau siempre fue de mirar hacia delante y de asumir con naturalidad lo que le tocaba afrontar. Nosotros como padres y también su hermana Aina seguimos su estela. Continuamos su lucha apostando por la vida, recorriendo y disfrutando del camino.

Arnau siempre fue un niño muy, muy alegre. En la escuela no acababa de encajar con las normas. Era un chico movido, hiperactivo al que le diagnosticaron TDAH. Mirando hacia atrás, nos damos cuenta de que intentábamos que se ajustara a lo que se considera teóricamente normal, cuando quizás él tenía un espíritu más libre, más despreocupado. Posiblemente nunca hubiera llegado a estudiar, pero ahora eso lo valoramos de una forma muy distinta.

Cuando encontró su deporte, el hockey sobre patines, fue tremendamente feliz. Era su mundo. Ahí puso toda su energía y su espíritu competitivo. Fue muy importante para él, pues el hockey le dio un sentido y un lugar al que pertenecer.

Aunque era un chico indisciplinado y travieso, también era muy gracioso y divertido. Siempre estaba soltando barbaridades y era extraordinariamente cariñoso. Necesitaba mucha compañía y apoyo, más que su hermana que es cuatro años menor y más independiente.

Hacia el final de aquel verano Arnau tenía doce años y estaba negro como el carbón de tanta piscina. Entonces comenzó a quejarse de dolor de cabeza. Cuando empezó la escuela tuvo un mareo y lo llevamos de nuevo al pediatra. Nos dijo que seguramente sería migraña, pero por si acaso nos mandó hacer un TAC. A partir de ahí todo fue muy rápido. Unos días después, en la cafetería del hospital, le explicábamos a nuestro hijo que habían encontrado algo del tamaño de una lenteja en su cabeza y que tendrían que operarlo. Él lo puso muy fácil, simplemente confió. Así empezó la dura batalla que tuvimos que afrontar como familia y que duró cinco años.

Antes de la intervención nos angustiamos pensando: «*¿En qué planta nos pondrán?*», «*¿habrá niños sin pelo?*», «*¿y si entra en la UCI y no podemos acompañarlo?*». Surgen tantas preocupaciones en los padres de niños enfermos… Lo que más nos ayudaba era ver cómo lo afrontaba él. En el hospital observaba con mucha atención a su alrededor y a los demás niños, pero seguía con su talante chistoso.

La operación fue muy dura, pero tras un tiempo fue mejorando paulatinamente. Hacía quimioterapia una vez a la semana y el resto de días iba al instituto, y entrenaba hockey siempre que podía. Mientras circulábamos en coche, un día preguntó: «*Mamá, ¿yo tengo cáncer?*». Hasta ese momento no habíamos nombrado la palabra. Le contesté: «*Sí, Arnau. Como tu abuela y tu tío, tú también tienes cáncer*». Después cambió de tema.

Su abuela, que siempre había sido una persona más bien pesimista, hizo un cambio importante respecto a su propia enfermedad.

Se focalizó en Arnau y mostró incluso una alegría y una energía especial. Fue muy sorprendente. Murió cuando nuestro hijo estaba en pleno tratamiento de radioterapia. Creemos que de alguna forma decidió retirarse al sentir que no tocaba que la cuidasen a ella, sino a su querido nieto.

Arnau había pasado por dos operaciones y varios tratamientos. Siempre lograba reponerse y volver a hacer una vida bastante normal. Aunque nos habían dicho que acabaría muriendo por la enfermedad no nos lo creíamos. Había épocas en que lo veíamos tan bien...

Pero cuando nos informaron de que tenían que operarlo por tercera vez, Arnau explotó como nunca lo había hecho. Volviendo en coche, de camino a casa, sollozaba diciendo que nunca se pondría bien, que siempre estaría enfermo, que no podría salir como los demás chicos... Fue muy duro escucharlo, todos lloramos. Nos dijo que no quería volver a operarse. Después de expresar toda su frustración y su rabia se tranquilizó y nos pidió que lo lleváramos a su club de hockey. Quería compartir la noticia con sus amigos y compañeros. Hasta ese punto eran importantes para él.

Finalmente Arnau decidió operarse, pero poniendo sus condiciones. Decidió qué profesionales quería que lo atendieran, pues con uno en particular había tenido una mala experiencia, los amigos y familiares que deseaba que estuvieran a su lado... Antes de entrar en el quirófano clamó ante sus amigos: «*¡A la carga!*». Para entonces ya llevaba el emblema de su club tatuado en el brazo y lo mostraba orgulloso.

Tras esa intervención estuvo varios días en la UCI en estado grave. Mantenía a su lado un cojín que le hicimos con fotos estampadas de su hermana, su amigo Arnau y nuestra perra, pues decía que ellos le ayudaban. Cuando mejoró lo subieron a la habitación, pero al cabo de pocos días tuvo un paro cardiaco y volvió a ingresar en la UCI. Fue entonces cuando dejó de luchar.

Arnau no podía hablar y nos señaló con el dedo en un abecedario: «*No tengo ganas de vivir*». Repitió la frase para que nos quedara bien claro. Hasta entonces había batallado por él y también por nosotros, pues siempre lo animábamos a seguir, a recuperar fuerzas, a probar terapias alternativas... Y había funcionado en otras ocasiones, pero esta vez tuvo el valor y la lucidez de reconocer que no iba a ser así.

Como padres, nos costaba mucho aceptarlo. Sin embargo, pronto comprendimos que teníamos que seguirlo. Él mandaba. Pidió salir de la UCI y estar solo en una habitación. Eso le dio mucha paz, pues pudo decidir en cada momento quién quería que viniera a visitarlo. A los amigos que no habían aparecido durante la enfermedad, por ejemplo, no los dejó entrar. Pero para los otros siempre tuvo las puertas abiertas.

Arnau insistía mucho en que estuviéramos los dos con él en la habitación, no quería que nos marcháramos, y también pedía la presencia de su hermana. Necesitaba mucho contacto físico, masajes, caricias... También expresó que quería cumplir sus 18 años en casa. Faltaban pocos días para su aniversario y empezamos a hacer gestiones para que fuera posible.

En su última semana de vida se mostraba inquieto por la noche, no podía conciliar el sueño y eso lo agotaba. Es probable que tuviera miedo a dormirse y no despertar. Quizá necesitaba un tiempo de preparación para dejarse ir. Creemos que en su interior vivía un intenso dilema entre quedarse o marchar, como nos dijo una persona cercana que le hacía sesiones de reiki.

Pocos días antes de fallecer, Arnau estaba acompañado de dos buenos amigos y en un arranque se quitó el brazalete de capitán del equipo y lo lanzó al suelo. Era un amuleto muy significativo para él y lo llevaba siempre consigo. Se lo habían prestado para que le inspirara fortaleza, pues aludía a una gran victoria del club de hockey de hacía más de treinta años.

Otro momento revelador para mí como padre fue cuando me acerqué a darle unos golpecitos para ayudarlo con la tos. Era un gesto que repetíamos a menudo, pues sus bronquios se obstruían al no poder expulsar la mucosidad. Arnau me detuvo con la mirada. Me percaté claramente de que me estaba diciendo: «*Ya basta, papá*». Y le hice caso.

A pesar de todo, podemos decir que nuestro hijo logró tener momentos de felicidad hasta el final. Costaba mucho moverlo y sacarlo de la cama, pues estaba hinchado por la cortisona, pero entre varios conseguimos que bajara al patio del hospital a pasar un rato con los perros voluntarios. Uno de esos días fue con su amigo Roger y disfrutó muchísimo, se reía a carcajadas y estaba muy contento. Para nosotros es un bonito recuerdo.

Planeábamos traer a nuestra perra al hospital para que la viera y queríamos intentar celebrar su cumpleaños en casa, pero los acontecimientos se adelantaron. La mañana que vinieron sus tres abuelos y su hermana Aina a visitarlo fue la de su partida. Seguramente quiso recibir un beso de ellos antes de marchar.

Arnau tenía mucha confianza con el equipo sanitario que le atendía y llegaron a pactar con él que si notaba ahogo y prefería que lo durmieran para no sufrir en el final así se haría. Estábamos los dos a su lado cuando empezó a tener dificultades para respirar y rápidamente avisamos. Al momento vino el médico de paliativos con dos enfermeras y él mismo dio el permiso para que lo sedaran. Sin embargo, antes de que pudieran introducir la medicación Arnau cerró los ojos. Vimos cómo cambió sutilmente el color de su piel y murió. Fue un instante.

La imagen que nos ha quedado de él es de una sonrisa. Desprendía una paz... Estaba incluso más guapo que cuando estaba vivo. Nos dio la sensación de que se había liberado por completo. Tenemos el convencimiento de que estaba preparado y de que murió tranquilo, pues se dejó ir de manera tan fácil y su cuerpo quedó tan relajado...

Arnau ha dejado una gran huella en las personas que lo han conocido. Nos conmueve pensar que de su paso por la vida ha quedado una mochila llena de vivencias y recuerdos, y cada uno recoge de ahí lo que necesita. Sabemos que nuestro hijo está bien y mantenemos una conexión especial con él, diferente. Sencillamente nos ha adelantado y ha alcanzado antes el final, pero tenemos el convencimiento de que cuando llegue nuestro momento nos reencontraremos de nuevo. Ya no tenemos miedo a morir.

Nuestro hijo nos ha enseñado que la muerte tan solo es un peldaño más y que la vida no termina aquí. Su pérdida ha abierto en nosotros una búsqueda espiritual. Esta experiencia nos ha impulsado a mirar más hacia dentro y a dejar de vivir con el piloto automático. Sentimos que él nos abre camino, nos invita a abrirnos y a descubrir, a seguir aprendiendo de lo que nos ha pasado como familia.

Arnau está muy vivo en nosotros y en nuestro entorno. El lema del equipo de hockey, *Tu lucha es nuestro orgullo*, está dedicado a él. Es de valientes afrontar con buen talante una enfermedad, pero también es un acto de gran coraje reconocer cuando llega el final y aceptarlo.

JOAN Y NÚRIA, PADRES DE ARNAU

* * *

La fortaleza del ser humano es asombrosa. Creemos que el sufrimiento que podemos soportar tiene un límite, pero la realidad nos demuestra una y otra vez que podemos llegar a adaptarnos a las circunstancias más adversas.

A veces pregunto a quienes sufren una enfermedad o a sus acompañantes: «*Si hace un año te hubieran dicho que ibas a vivir lo que te está sucediendo ahora, ¿te habrías sentido capaz de hacerle frente?*». En muchas ocasiones dudan o la respuesta es «no». Entonces se percatan de que aquello que temen y anticipan en el momento actual, probablemente, cuando llegue la situación, podrán afrontarlo mejor de lo que piensan.

Al anticipar algo que asusta aparece toda la angustia y la sensación de impotencia, pero no tanto los recursos, dado que estos se ponen en marcha en el presente, cuando realmente toca afrontar el desafío. Por suerte disponemos de sabios mecanismos de adaptación que suponen una ayuda inestimable para sobrellevar incluso lo más terrible.

El ejemplo de Arnau nos muestra un giro importante en su actitud que le facilitó una muerte en paz. Hay un tiempo en la enfermedad para la lucha, cuando el esfuerzo se focaliza en la supervivencia y en resistir el embate del destino. Pero también hay un momento en que es preciso soltar esa lucha para asumir que se acerca el final. Prevalece entonces el bienestar y la máxima tranquilidad posible, factores esenciales para morir bien.

Este cambio suele provocar mucho miedo, especialmente en el entorno del enfermo. ¿Cuál es el momento propicio para admitir que se vive la última etapa? ¿Este punto de inflexión puede desencadenar que la muerte llegue antes? ¿Es posible que la persona se deje ir por estar en realidad deprimida o desmoralizada?

Los profesionales de cuidados paliativos saben reconocer cuándo es preciso realizar este cambio en la actitud terapéutica. Es decir, cuándo es preferible priorizar la calidad de vida y favorecer, en su momento, una muerte plácida. Su valoración, por lo tanto, ayudará a orientarse en el proceso de enfermedad y a reconocer en qué punto se halla el enfermo.

Por otro lado, al trabajar como equipo interdisciplinar con profesionales de diferentes ámbitos, es posible atender el sufrimiento —tanto en su vertiente física, como emocional, social o espiritual— que puede provocar que un enfermo pierda las ganas de seguir adelante, o incluso desee adelantar su muerte.

Cuando este giro en la actitud de la persona se produce en sintonía con su proceso de enfermedad, lo más importante es respetarlo. Significa que es consciente de su situación y, en lugar de rebelarse, se alinea con ella. Es posible que, como en el caso de Arnau, lo exprese en palabras, manifestando que no quiere continuar realizando ciertos tratamientos o intervenciones, hablando directamente de su voluntad de asumir que su tiempo se acaba, comunicando sus últimos deseos...

Se trata de un afrontamiento personal, por eso también hay quien prefiere luchar hasta el último instante sin plantearse la posibilidad de morir, y es probable que sea lo más coherente con su modo particular de encarar la vida. Los profesionales sanitarios deberán estar siempre disponibles para reducir en lo posible el sufrimiento, pero también para apoyar la manera como cada enfermo y cada familia pretenden vivir las distintas etapas de la enfermedad.

Cualquier situación que fuerza a la persona a renunciar a una visión del mundo y asumir otra para la cual no está preparada requiere de un proceso de adaptación, como definió Colin Murray Parkes, psiquiatra que trabajó en el St. Christopher's Hospice de Inglaterra y autor de numerosas publicaciones. Recibir, por ejemplo, un diagnóstico grave o una mala noticia puede generar incredulidad o una reacción de shock, especialmente si se trata de algo inesperado. Supone un impacto que precisa un tiempo de digestión y de elaboración emocional.

Averil Stedeford, otra psiquiatra británica especialista en cuidados paliativos, denominó crisis de conocimiento al momento en que, por algún motivo, el enfermo percibe la amenaza de la posibilidad de morir. A partir de ahí se pone en marcha un proceso que ayuda a adaptarse a esa realidad. Tras el shock inicial puede seguir una fase de negación, en la cual se minimiza o se niega la realidad, como una manera de protegerse y darse tiempo para asumir el impacto. En otro momento la persona puede experimentar rabia y frustración, en ocasiones proyectada hacia quienes la rodean o el personal sanitario. Mientras que la pena y la aflicción emergen al tomar plenamente conciencia de lo que toca vivir. En este punto puede aparecer un estado de ánimo resignado, caracterizado por una pasividad en la que el individuo se abandona.

La resignación puede culminar, aunque no siempre sea necesario pasar por ella, en la aceptación. Entonces la persona se percata de su dolorosa realidad, pero a la vez toma una actitud activa frente a lo que le sucede: resolviendo temas que tiene pendientes, decidiendo sobre aspectos importantes para ella, eligiendo quién desea que esté presente, despidiéndose...

Este itinerario para adaptarse a un cambio vital tan decisivo no es lineal, ni es preciso que se den todas las fases, y además puede haber muchas idas y venidas. Este proceso emocional se inicia con cada crisis de conocimiento, al ser más consciente de una pérdida o una realidad difícil.

Aunque existen diversos modelos explicativos de la adaptación a la enfermedad —el primero lo elaboró Elisabeth Kübler-Ross, pionera en este campo—, suelen coincidir en señalar la aceptación como el final deseado. Sin embargo, también es posible encontrar cierta paz en un estado de resignación o cuando la persona niega inconscientemente la situación que vive, y esa ignorancia reduce su angustia. Cada camino es único y depende de múltiples factores.

Lo problemático sobreviene cuando el proceso de adaptación se estanca en un punto y los afrontamientos se vuelven rígidos, inamovibles o desproporcionados. O bien comportan un sufrimiento importante, que afecta a la vida cotidiana y las relaciones personales. Como, por ejemplo, si la persona se queda anclada en una reacción de rabia que puede ser natural en cierto momento, pero que si no se resuelve puede acabar generándole un malestar adicional. Por el contrario, se considera que el individuo está bien adaptado cuando puede responder a los cambios manteniendo su sensación de integridad y asume su nueva realidad.

A pesar de que la persona acepte su situación, en el sentido de no resistirse a lo que sucede, la proximidad de la muerte sigue siendo difícil. Pueden surgir igualmente dolor, tristeza, miedos... Durante la noche, cuando reinan la oscuridad y la quietud, emergen con mayor facilidad los temores inconscientes, como le sucedió a Arnau. Existe un proceso interno, más profundo, que también necesita su tiempo para asumir que se acerca el final.

Los niños y los adolescentes tienen una conciencia distinta, pero también real, de su propia muerte. Por este motivo, deben tener voz en las decisiones importantes, aunque la expresen de forma diferente a los adultos. Acostumbran a hablar de manera más alegórica o a través de su comportamiento. Suelen ser especialmente sensibles a las reacciones de su entorno, viéndose influenciados por las actitudes y también las inquietudes y preocupaciones que se ciernen sobre su familia.

Con los menores se tiende a la sobreprotección y a ocultar información. Por eso resulta importante que los padres sean acompañados y asesorados en sus dudas por profesionales, para que entre todos puedan encontrar la mejor manera de informar paulatinamente a su hijo. Siempre ha de ser con un lenguaje acorde con la edad y la capacidad de comprensión del menor, y también en función de su necesidad de conocer o no lo que le sucede. Se puede obviar información o dejar de explicar ciertas cosas, pero nunca hay que mentirles, especialmente cuando hacen preguntas directas.

Por su parte, los padres necesitan tener la seguridad de que se ha hecho todo lo posible para intentar curar a su hijo. Su afán de protegerlo es muy grande, y pueden sentir que están fallando al no poder salvarlo o evitar su sufrimiento. Para ellos puede resultar tremendamente difícil admitir que llega el momento que más temían. Los padres de Arnau, por ejemplo, explican que optaron por seguir la voluntad de su hijo, que se dio cuenta antes que ellos de que se acercaba el final.

Cuando los familiares se aúnan en esta conciencia y asumen la decisión de su ser querido le proporcionan lo más importante: alivio y calma. Aun con inmenso dolor, asienten a lo que está sucediendo y buscan que sea de la mejor forma posible. Ofrecer comprensión y apoyo en un momento tan crucial es un verdadero regalo de amor.

«*Me percaté entonces de que la alegría es un estado del alma y no una cualidad de las cosas; que las cosas en sí mismas no son alegres ni tristes, sino que se limitan a reflejar el tono con que nosotros las envolvemos.*»

Miguel Delibes

MÍA

La muerte es el mañana

Riamos, que ya estaremos a tiempo de llorar, ese fue nuestro lema desde que apareció la enfermedad. Una de tantas frases ideadas por mi marido, conocido en nuestro entorno como Mía.

Mía era una persona muy vital y tremendamente creativa. Un buen amigo lo definía como un hombre del Renacimiento, pues practicaba diferentes artes: era joyero de profesión y le apasionaba diseñar piezas exquisitas e innovadoras, pero también era actor y director teatral. Improvisaba al piano, cantaba, e incluso escribió varias novelas cortas, con su peculiar toque irónico. Su cabeza era un hervidero de ideas extravagantes e ingeniosas que plasmaba en sus diversas obras.

Mía empezó a notar que algo le pasaba cuando las pequeñas piezas con las que trabajaba en el taller de joyería se le caían de las manos. Se encontraba cada vez más débil sin razón aparente y, al principio los médicos lo achacaron a un posible estrés. Visitó al neurólogo y le realizaron muchas pruebas, hasta que por descarte determinaron que tenía ELA, esclerosis lateral amiotrófica. Su doctora le dijo: *«Te ha tocado bailar con la más fea»,* en alusión a la crudeza de esa dolencia.

El mismo día que recibió el diagnóstico condujo solo más de 150 kilómetros para acudir a un rodaje. Comentó que ese trayecto en pleno estado de shock le resultó de lo más insólito, incluso fantasmagórico. En cuanto llegó al lugar compartió la noticia con sus compañeros y entre todos consiguieron que fuera un encuentro especial, justo a su medida. Ya desde un inicio anunció: «*Esta enfermedad no me quitará la dignidad. Más bien seré yo quien le reste dignidad a la enfermedad*».

En vez de quedarse enclaustrado y amargado ante la progresiva limitación que vivía su cuerpo, decidió mantenerse conectado al mundo, realizando al máximo de sus posibilidades aquello que amaba y disfrutaba.

Mía fue perdiendo progresivamente la movilidad de las piernas y de los brazos, y en el último año precisó de una máscara conectada a una máquina que le ayudara a respirar. La ELA es una enfermedad neurodegenerativa, en la que los nervios dejan de emitir señales a los músculos y estos se atrofian gradualmente. Él lo explicaba diciendo que su cuerpo había pasado de funcionar como un motor que podía correr a más de 200 kilómetros por hora, a reducir paulatinamente la velocidad hasta disponer de la energía de una pila diminuta.

Su dependencia llegó a ser total. Durante esos cuatro años me convertí en sus manos y sus pies. Por suerte, nuestras dos hijas, que tenían 16 y 19 años en el momento del diagnóstico, vivían con nosotros y fueron una gran ayuda.

Mía solía explicar que su primera decisión cuando supo que estaba enfermo fue enviar a unas cuantas personas literalmente a la mierda. A todo aquel que le restaba energía o no le aportaba nada provechoso lo apartó de su vida. Decía que ya no tenía tiempo que perder ni por qué aguantar ciertas cosas.

Encaró la situación con su talante habitual: haciendo broma de todo. Una muestra de ello es un perfil de Facebook que denominó *Maravillas del mundo minusválido*, donde compartía en clave de humor todas las aventuras curiosas que le iban sucediendo. Siempre fue un gran comediante y sabía ver el lado chistoso de cualquier situación. Al enterarse de la muerte de Stephen Hawking publicó: «*Adiós, Stephen. Si tú conseguiste hacer de tu enfermedad de ELA una anécdota, pienso seguir tu camino*».

Escribía en el ordenador con un puntero ubicado en unas gafas y un dedo. Internet y las redes sociales se convirtieron en una ventana abierta al mundo para él. A pesar de resultarle muy laborioso escribir de ese modo, consiguió terminar su última novela, que llegó a presentar en varias librerías. En esos eventos yo le hacía de intérprete, pues ya no tenía fuerza suficiente para hablar.

Le resultó difícil dejar de conducir. También fue muy doloroso renunciar a tocar el piano o cantar, o cuando tuvo que dar su primera negativa a un rodaje. Lo que le ayudó a asumir estas pérdidas fue entenderlas como una jubilación anticipada. Decía que todas las personas en algún momento tendrían que despedirse forzosamente de algunas de sus actividades preferidas y que a él le tocaba antes.

Le gustaba explicar que la fórmula para no llegar vacío a la merma de facultades era disponer de un mundo interior rico y mantener vivo el interés. Agradecía mucho, por ejemplo, haber aprendido a diseñar joyas con el ordenador justo antes del diagnóstico, pues le hubiera sido mucho más complicado adquirir esa nueva destreza una vez enfermo. Decía que es preferible instaurar los recursos y las herramientas personales antes de que lleguen momentos difíciles, lo que requiere invertir tiempo en uno mismo mientras se está bien.

Si le preguntaban: «*¿Tienes miedo a la muerte?*», contestaba: «*La muerte es el mañana, yo el día antes pienso estar*». Asumió que tenía una enfermedad mortal y que no había posibilidad de luchar contra ella. Así que orientó su energía hacia la vida. Del después solo le inquietaba cómo estaríamos nosotras.

Por mi parte, nunca lo vi como un enfermo. Por supuesto era consciente de la situación —era su cuidadora y percibía claramente cómo crecían sus limitaciones— pero seguía viendo la esencia de mi marido, al Mía de siempre. Y pienso que eso lo ayudó a conservar su entereza. La enfermedad se llevó muchas cosas, fue devastadora, pero su lucidez y su capacidad para razonar se mantuvieron intactas.

A pesar de necesitar silla de ruedas, máscara para respirar y estar físicamente muy debilitado, seguimos realizando todas las actividades que pudimos. Acudíamos a ferias de nuestro gremio, a reuniones de asociaciones en las que estaba implicado, a un festival de cortos anual, y a nuestras citas musicales en el Liceo. Mía era un gran amante de la ópera.

A veces bromeaba: «*Dile a la gente que estoy enfermo, pero no sordo*». Cuando nos encontrábamos con personas por la calle, dado que él no podía hablar, se dirigían directamente a mí para preguntarme o hacían comentarios en voz alta sobre su estado. Por supuesto, él lo escuchaba todo y me dirigía miradas con sorna.

A menudo lo saludaban dándole palmadas en el brazo, hasta el punto de salirle, en alguna ocasión, moratones debido a la pérdida de musculatura por la enfermedad. Uno de esos saludos fue tan efusivo que propulsó la silla de ruedas eléctrica al mover la mano con que sujetaba el control. Mis hijas y yo nos reímos al recordar esta y otras anécdotas. Nos gusta rememorar lo que nos provoca una sonrisa.

Mía tenía una visión de su enfermedad distinta a lo esperado. En una ocasión, por ejemplo, comentó:

«*La vida que tengo ahora es diferente, pero también es vida. En realidad, siento que es una vida de lujo. Me puedo dedicar a la contemplación, a mirar el jardín, los pájaros, las nubes que cambian y pasan... Observo los aviones que surcan el cielo o cómo los abejorros acuden cuando las lilas están floridas... La mayor parte de personas no tienen tiempo para estas cosas, pero yo sí».*

Por suerte supo mantener la capacidad para apreciar lo que tenía al alcance. Se podía pasar horas ante el ventanal, abstraído, sin necesitar nada más.

Quince días antes de su muerte asistimos a una conferencia de un renombrado tenor a la que fuimos invitados a última hora. Fue su última fiesta. Disfrutó mucho de la charla y del tentempié posterior. Uno de los mayores placeres que conservaba era la comida, y le horrorizaba pensar que en un futuro podría perder la capacidad para comer. En ese momento nada nos hacía pensar que el desenlace estaba tan cerca.

A raíz de una insuficiencia respiratoria ingresó en el hospital. En otros momentos había tenido crisis de ahogo, pero esa fue especialmente intensa. Se percató de que las cosas iban mal. Así me lo dijo y también lo advertí en su mirada.

De forma natural, al cabo de tres días, entró en un estado de coma del que ya no despertó. Tenía pánico a sufrir en el final, pero solo vimos calma. Descansaba de manera tan plácida... como si se hubiera dejado ir completamente. Nosotras seguíamos conversando con él, incluso haciendo broma en algunos momentos, como de costumbre.

Tuvo una muerte en paz, sin sufrimiento, como él quería. Muchas personas lloraron su pérdida, pues era alguien muy apreciado y admirado, todo un personaje. En los eventos y en las redes sociales se echa de menos su humor ácido y sus anécdotas surrealistas. Pero lo que nos da más consuelo es que logró ser él hasta el final.

Esther, esposa de Mía

PEQUEÑO CUENTO DE VERANO:
EL ENFERMO Y LA HORMIGA

Por Mia Puig (traducido y adaptado para este libro)

«*Tienes buena cara*». *Era quizá la frase más repetida entre familiares, amigos y conocidos desde mi enfermedad. Hacía tiempo que veía cómo una caricatura de mí mismo se reflejaba en el espejo, pero la opinión general, abrumadora y unánime de «tienes buena cara» actuó en mí como un placebo maquillador, una poción de virtudes mágicas y, al final, caí en la trampa de verme a mí mismo como un Adonis mitológico, sano y salvo.*

Con este espíritu de envidiable salud fui a la piscina de unos amigos a hacer un poco de ejercicio y broncearme con tal de fortalecer la leyenda de mi buena cara, envidia de todo el vecindario desde mi enfermedad.

Fue allí donde una humilde hormiga me despertó de la mentira perpetrada por el afán caritativo de todos los que me rodeaban.

Estaba sentado en una tumbona de madera tropical, sobre un césped impecable, con un gin tonic en la mano... Todo muy chill out, y los pies desnudos refrescados por la dulce humedad del césped, cuando la vi. Era ella una hormiga que pasaba cerca de mí arrastrando una miga de pan, caída de los canapés de salmón y queso. «Pobrecita —pensé—, esta hormiguita recoge los residuos y restos orgánicos para llevarlos con esfuerzo a su hormiguero y garantizar la comida de toda la comunidad». De repente, la hormiga se detuvo, dejó caer la miga de pan y se dirigió hacia el dedo pequeño de mi pie izquierdo. Lo mordió e intentó arrastrarme... ¡a mí! hacia su hoyo.

Fueron dos minutos angustiosos. Ella, estira que estirarás enganchada al dedo pequeño de mi pie izquierdo. Yo, boquia-

*bierto, viéndome transformado de golpe y porrazo en una masa
de carne destinada a llenar la despensa del hormiguero, en un
residuo orgánico, en una miga humana... La hormiga me veía
exactamente tal y como era, sin piedad ni caridad cristiana, sin
educación, sin vergüenza... un enfermo.*

—Tienes buena cara.

—¡La madre que os parió...! ¡Iros a tomar viento!

—Pero ¿qué te pasa ahora? Justo hoy que te has bronceado...

*Me marché resignado, abatido e incomprendido. Si les llego a
explicar la verdad me hubieran enviado directo a la psicóloga y
eso, amigos míos... ¡No pasará nunca!*

* * *

¡Bendito humor!, que ayuda a transitar las experiencias más angostas. Este recurso, bien utilizado, permite desviar por un momento la atención de lo que produce inquietud, aligera tensiones físicas y anímicas, a la par que genera una comunicación diferente con los demás.

En la situación de enfermedad, e incluso en la proximidad de la muerte, cierta dosis de humor —según el estilo personal y familiar— puede facilitar enormemente la experiencia. En ocasiones se utilizará como defensa, para no conectar demasiado con la parte difícil, enmascarándola con ironía o incluso humor negro. Pero también puede ser una manera de preservar la normalidad y la parte sana de la persona, como sucede en el testimonio de Mía. Cuando ocurren tantas pérdidas y uno se siente tan distinto a cómo era, es reconfortante encontrar formas de seguir siendo uno mismo.

Puede resultar sorprendente, pero los profesionales que trabajamos en cuidados paliativos a menudo explicamos que en las visitas puede surgir mucha tristeza, frustración, u otras emociones difíciles, pero también hay momentos de risa sincera. Cuando se sintoniza a través del humor se produce una conexión más abierta, más directa. Uno puede relajarse un poco ante el otro, y eso genera una agradable sensación de proximidad.

La enfermedad nunca llega sola, viene acompañada de múltiples y sucesivas pérdidas. En algunos casos, como ocurre en la ELA, cuando uno todavía no se ha adaptado a las limitaciones que está viviendo, aparece una nueva pérdida, que genera más estrés, más dolor y complica una situación ya de por sí difícil.

Conforme se agrava una dolencia las pérdidas suelen acontecer de forma más rápida y con mayor intensidad. Las circunstancias ponen a prueba la capacidad de adaptación, tanto de quienes la viven en primera persona como la de los acompañantes. Todos deben hacer un esfuerzo para responder desde un punto de vista práctico y emocional a las demandas que surgen, que habitualmente irán *in crescendo*.

El deterioro físico es una de las experiencias más difíciles. *«La enfermedad altera desde su raíz misma la relación del hombre con su propio cuerpo»*, escribió Pedro Laín Entralgo, el reconocido médico y ensayista. Y añadió: *«Así como la salud consiste en no sentir el propio cuerpo, la enfermedad es sentirlo penosamente»*.

¿Cómo vive una persona su condición de estar enferma? Tal y como advierte el doctor, se trata de una vivencia propia, subjetiva, que solo es posible descubrir explorando la interioridad del individuo.

La invalidez es una vivencia común. La situación confronta a la persona con el *«yo no puedo»*, *versus* el *«yo puedo»* de un estado de salud, lo cual a menudo genera un importante sufrimiento. La enfermedad también puede experimentarse como molestia, pues conlleva a menudo malestar físico y emocional.

El doctor Laín Entralgo también explica la vivencia de amenaza, ya que estar enfermo implica tener presente, con mayor o menor intensidad, el riesgo de morir, así como ver amenazados proyectos o aspectos de uno mismo que se temen perder.

En ocasiones la persona puede sentir lo que se describe como succión por el cuerpo, cuando las sensaciones dolorosas o desagradables la fuerzan a vivir pendiente de ellas, lo que anula incluso su capacidad para mostrar interés hacia otras cosas. Esto puede causar, por otro lado, una soledad interna no deseada. La enfermedad, escribe Laín Entralgo, aísla no solo porque impide realizar una vida normal, sino porque enfoca la atención del individuo en sensaciones y sentimientos difíciles que él, y solo él, puede percibir.

Otra posible vivencia es la de anomalía, esa incómoda sensación de sentirse distinto, separado respecto a los individuos sanos. Mientras que según este doctor la enfermedad también puede ser vivida como recurso, en la medida en que además de invalidar, afligir, amenazar y aislar también sirve para algo. A veces será más bien un refugio, cuando se utiliza como pretexto de manera consciente o inconsciente para la evasión —por ejemplo, de las responsabilidades que impone la salud—, pero en ocasiones puede ser un instrumento para la creatividad o para redefinir la propia vida.

En el caso de Mía vemos como aun padeciendo los estragos de la enfermedad, también supo utilizarla como recurso. Tenía la capacidad de transformar lo que le acontecía en clave de humor, como una forma de reírse de sí mismo o de las situaciones insólitas que le tocaba vivir. También era su manera particular de visibilizar socialmente lo que significaba para él convivir con la discapacidad.

Como sucede en este testimonio, algunas personas consiguen apreciar aspectos positivos que emergen a pesar de las dificultades que están atravesando. La forzosa inmovilidad de Mía, por ejemplo, le permitía seguir dando rienda suelta a su creatividad, así como disfrutar y contemplar detalles de la naturaleza desde su ventanal.

Sin ocupaciones, sin responsabilidades, sin prisas... la belleza de lo sencillo parece estar más accesible.

Pero ¿qué promueve esta habilidad para extraer algo bueno de lo negativo? Por un lado, entran en juego aspectos personales, como el propio carácter, la manera en que se afronta el estrés y la adversidad, la experiencia de otros retos vitales... También influye si existen circunstancias que facilitan o que, por el contrario, añaden dificultad, como problemas económicos, la aparición abrupta de una enfermedad, aspectos impactantes que conlleva la propia dolencia, síntomas difíciles...

No hay que olvidar que el tipo de apoyo recibido resulta crucial. ¡Qué diferente hubiera sido la vivencia de Mía sin el respaldo de su esposa y de sus hijas! ¿Hubiera podido recrearse en la contemplación si tuviera importantes preocupaciones sin resolver? ¿Cómo habría realizado esas actividades que le llenaban de sentido sin una familia dispuesta a movilizarlo, aunque no fuera fácil?

Cuando no existe un entorno de cuidado, cuando la persona no se siente querida, sostenida en la angustia, acompañada..., cuando no tiene sus necesidades cubiertas, resulta muy complicado, por no decir imposible, que desarrolle actitudes que le permitan sentirse en paz.

Hay otra cuestión que también afecta a la hora de poder apreciar lo que sí se tiene, cuando lo que prevalece —como sucede en la enfermedad avanzada— es lo que falta. Y tiene relación con la vivencia de las propias pérdidas. Realizamos un proceso de duelo no solo por la muerte de un ser querido, sino ante cualquier tipo de pérdida. En la enfermedad pueden coexistir, por lo tanto, muchos duelos de distinta intensidad. Quizá la persona siente la pena de ver cómo se deterioran sus capacidades, al mismo tiempo que percibe cómo cambia su cuerpo, mientras debe despedirse de ilusiones o incluso de un proyecto de futuro... Afrontar todas estas pérdidas resulta complejo.

«La profundidad del dolor que se siente está relacionada con lo importante que era para la persona aquello que ha perdido», apunta Alba Payàs, experta en duelo. Cuando se pregunta al enfermo sobre qué le produce mayor sufrimiento suele emerger aquello que más le duele perder. Hablará de las vivencias que le resultan más difíciles en el presente, pero también de las futuras pérdidas que anticipa, que pueden ser igual o más abrumadoras. Cuando existe conciencia del pronóstico, en el horizonte está la realidad más difícil: la muerte, la pérdida absoluta.

El duelo se expresa con emociones cambiantes, sensaciones extrañas o difíciles, pensamientos que giran alrededor o, por el contrario, evitan lo que duele, así como con actitudes y comportamientos. Tras el impacto inicial, cuando se produce o se anticipa la pérdida, pueden aparecer emociones intensas o también cierta sensación de frialdad o distanciamiento. La persona puede comentar cosas como: *«Parece que no vaya conmigo»* o *«Cuando me dieron la noticia no reaccioné, me quedé frío».* En este primer momento, que puede durar días o semanas, también puede aparecer un persistente sentimiento de incredulidad.

Existe otro momento en el duelo en que todavía no se puede asumir lo que ha pasado, y aparecen pensamientos, emociones o reacciones que de algún modo ayudan a no conectar del todo con el dolor. Alguien que ha sufrido recientemente la pérdida de su movilidad quizás exprese: *«Quiero pensar que podré recuperar la capacidad de andar, solo necesito ponerme más fuerte».* Se trata de una protección necesaria que, si es adaptativa, permitirá que la persona vaya aterrizando poco a poco en su realidad. Para conectar cada vez más con lo que le duele, le frustra o lamenta, y tomar conciencia de lo que significaba para ella lo que ha perdido.

Según diferentes modelos teóricos del duelo, cuando se ha logrado elaborar la parte dolorosa de la pérdida, es posible llegar a adaptarse a la nueva situación y puede producirse un crecimiento y una transformación personal. El dolor ya no es tan intenso, la tristeza, la rabia, la culpa... se apaciguan, y aparece la oportunidad de sacar conclusiones o aprendizajes de lo vivido. En ese momento, uno puede hablar de lo que ha perdido dándole un nuevo significado, como sucede en el testimonio de Mía al vivenciar sus pérdidas como una jubilación anticipada.

Sin embargo, la persona solo puede elevar su mirada y apreciar otros aspectos de su vida cuando ha podido asumir —aunque sea en parte— aquella pérdida que le resulta punzante, dolorosa. Y aquí cada uno necesita su tiempo. La indicación, incluso bien intencionada, que busca llevar a la persona a un lugar al que todavía no ha llegado, quizá diciéndole que abandone esa rabia y mire hacia lo que puede disfrutar, aumenta el malestar. El dolor no acompañado se acaba silenciando y puede hacer sentir a la persona terriblemente inadecuada.

Cada individuo tendrá su manera de transitar el duelo de sus pérdidas, y no siempre se darán todas las fases nombradas, incluso a menudo se intercalarán unas con otras.

Siempre asombra ver la capacidad de adaptación del ser humano. Muchas personas a las que he podido acompañar decían que nunca habrían imaginado poder vivir las limitaciones con las que se encontraban. A pesar de la dificultad, su vida continuaba teniendo sentido. Mientras que otras veces las pérdidas vividas y anticipadas son tantas, el tiempo tan escaso, que no es posible elaborarlas. En ocasiones todo resulta demasiado difícil y sobrepasa la capacidad de la persona y de su entorno.

Hoja marchita

«Toda flor desea su fruto,
todo amanecer se encamina al crepúsculo,
nada eterno hay en la tierra,
excepto la transformación y la fuga.

También el más bello verano
quiere sentir alguna vez el otoño y lo caduco.
Detente, hoja, sé paciente y silenciosa
cuando el viento desee llevarte.

Sigue jugando tu juego, no te detengas,
deja, tranquila, que las cosas ocurran.
Permite que el viento que te arranca
sople y te conduzca a casa.»

HERMANN HESSE, *LAS ESTACIONES*

MARÍA TERESA

El cuerpo tiene su sabiduría

Cuidar de mi madre durante su enfermedad fue un regalo para mí. Es difícil explicarlo. Por un lado, fue una de las experiencias más dolorosas que he vivido, pues me resistía a aceptar que se tenía que marchar, pero por otro, agradezco profundamente el tiempo de intimidad y cercanía que pude disfrutar con ella.

Para mi madre, que era una gran cuidadora, no fue fácil dejarse ayudar. Quizás es una de las cosas que más le costó asumir. Fue ella quien atendió a mis abuelos cuando estuvieron enfermos y también al resto de la familia mientras pudo, pues siempre hemos vivido todos en un mismo bloque de pisos. Le resultó difícil aceptar estar al otro lado y ser ella la que necesitaba a los demás. A pesar de encontrarse mal, seguía pendiente de cada uno de nosotros y procuraba continuar a toda costa con sus rutinas y su ritmo de vida. Cuando no lo conseguía, se frustraba. Era muy tozuda y en ocasiones eso fue complicado de vivir.

Mi hermano y yo hemos tenido la suerte de tener una madre siempre atenta con nosotros. Le bastaba una sola mirada para adivinar lo que nos ocurría, y casi sin quererlo te sacaba las palabras. Era muy fácil hablar y estar con ella, simplemente con su compañía uno ya se sentía arropado. La echamos tanto de menos…

Nació en Extremadura y vino a vivir a Cataluña con quince años. Sin apenas estudios, fue capaz de llevar la contabilidad de las empresas que fundó con mi padre, y tiraba adelante cualquier cosa que se propusiera. Tenía mucha sensibilidad y tanto le gustaba dibujar como escribir poesía, pero lo que más disfrutaba era cantar.

Era una persona que transmitía mucha seguridad y confianza a los que estaban a su alrededor. Su mensaje hacia nosotros, sus hijos, siempre era: «*Tú puedes*». Incluso hizo grabar esas palabras en el reverso de un reloj que le regaló a mi hermano mientras se sacaba la carrera.

Cuando supo que tenía la enfermedad lo único que nos decía es que no era para tanto y que lo iba a superar. Nos quería proteger. Yo pienso que desde un principio intuyó que no se iba a curar, pero su obsesión se centró en seguir haciendo el tratamiento. Por eso para ella fue especialmente duro el momento en que la doctora le comunicó que tenían que parar la quimioterapia, pues tal como se encontraba no la iba a aguantar.

Ese día se dio cuenta de que la doctora nos comentaba algo aparte a la familia y le soltó: «*A mí me dices todo lo que me tengas que decir*». Mi madre quería estar completamente informada. Recuerdo que, tras recibir la noticia, se puso a llorar como una niña y se lamentaba: «*No puede ser, no puede ser…*». Cuando se recompuso quiso preguntar por lo que iba a suceder a partir de ese momento.

Tenía una capacidad impresionante para mentalizarse y asumir lo que le tocaba vivir. La admiraba por eso. Podía explotar y dejar salir sus sentimientos, pero llegado a cierto punto se detenía y reflexionaba. Era como si se preparara interiormente, incluso veías cómo le cambiaba la cara y se podía advertir una especie de determinación en su mirada. Los ojos de mi madre eran muy expresivos. Te lo decían todo.

Siempre comentaba que su forma de llevar la enfermedad era normal, que cualquier persona en su situación reaccionaría de la misma manera. Era muy humilde y solía quitarse mérito. Sin embargo, para nosotros ella era muy especial y lo demostró hasta el último momento.

Tras la visita con la doctora, permaneció ingresada en el hospital. Creo que eligió no estar en casa para facilitarnos las cosas. No quería «dar ruido», como decía. Los primeros días estaba pensativa, como ausente. No paraba de tejer sentada en la silla o en la cama, pero notabas que su cabeza iba trabajando. Después empezó a explicar a las personas que eran importantes para ella el estado en el que se encontraba. Conforme fue hablando y compartiendo lo que le sucedía volvió a ser ella misma.

Durante el mes que estuvo en el hospital hizo manualidades para todo el mundo: regalaba pulseras al personal de la planta y tejió varias bufandas y chaquetas para sus dos nietos y el tercero que venía en camino. Estando ingresada mi hermano le dio la noticia de que esperaban otro hijo. Dudamos si debíamos decírselo por si le causaba demasiado dolor no poder conocerlo, pero saber que tendría otro nieto la colmó de alegría. Precisamente esos días yo también me quedé embarazada, pero lo descubrí más tarde.

Cuando mi madre asumió que se moría comenzó a prepararnos a todos. Lo hacía con palabras y con silencios. Quiso, por ejemplo, tener un momento íntimo, a solas, con cada uno. Yo me daba cuenta de que, a pesar de compartir muchas horas juntas, posponía la conversación conmigo. Imagino que a las dos nos resultaba difícil.

Un día, mientras estaba con ella en la habitación, simplemente nos miramos y nos pusimos a llorar. Con eso nos bastó. Fue nuestra manera de compartir la tristeza tan profunda que sentíamos. Después empezó a decirme que sentía mucho tener que marchar y que le daba mucha pena dejarme. Decía que le sabía muy mal perderse momentos importantes de mi vida; incluso me pidió perdón por no estar a mi lado en todo lo que estaba por venir.

A mí me daba mucho miedo afrontar esa despedida y también la vida posterior sin ella, pero esta conversación me transmitió mucha fuerza. Sí, fue duro, pero a la vez bonito y muy auténtico. Hubo mucha sinceridad entre nosotras. Mi madre me estaba enseñando de nuevo que es mejor no guardarse las emociones, que la tristeza es preciso llorarla.

Creo que pudo expresarse con profundidad con las personas que le importaban. Por eso estuvo tan tranquila. Hablaba a menudo con la psicóloga y le explicaba que solo le inquietaba no saber reconocer que se estaba muriendo. Mi madre era muy intuitiva y escuchaba mucho su cuerpo, tenía la capacidad de poner palabras a lo que sentía por dentro. Se percató de que si mantenía esa conexión con sus sensaciones sabría percibir que se acercaba el final. Eso la ayudó a relajarse y a dejarse sentir.

Y lo supo. Ese día la mirada de mi madre era diferente, como perdida en el infinito. Nos dijo que tenía dolor, pero que prefería aguantar y esperar a que todos llegaran antes de que le aumentaran la medicación. Quería despedirse estando plenamente consciente.

Y allí estaba ella, echada en la cama, rodeada de toda la familia. Había un ambiente de calma y profundidad en la habitación. Su mirada era tan amorosa... Nos miraba y nos hablaba a cada uno. Nos decía: *«Os quiero. Qué guapos sois...»*. Pidió que acudiera a verla la psicóloga que la había atendido, pues quería transmitirle lo que estaba viviendo. Delante de ella empezó a decir: *«Este es un momento de comunión entre los dos lados, entre esta realidad y el otro lado. Han venido a buscarme. Están todos... Veo a mi padre y a mi madre. Estoy tan contenta...»*.

No sé cómo explicarlo, toda ella, todo su cuerpo, irradiaba una paz, una alegría... Aunque no podíamos ver lo que ella percibía, la expresión de su rostro no dejaba lugar a dudas de que vivía un reencuentro con sus padres. Fue un verdadero privilegio participar de ese momento.

Cuando terminó de hablar indicó que le pusieran más calmantes. Estuvo el resto del día dormida, pero por la noche, de manera inesperada, se despertó. Me miró y me dijo sorprendida: «*Pero a ver, ¿qué hago todavía aquí?*». Cuando lo recuerdo me hace sonreír, incluso en esa situación puso su toque de humor. Antes de quedarse dormida de nuevo su última frase fue: «*Por lo menos he podido ver tu carita otra vez*».

Durante los días siguientes hasta que falleció tuve la sensación de que estábamos acompañando su cuerpo, pero que ella ya no estaba allí. Creo que mis abuelos se la llevaron de la mano y volvió solo un instante para verme. En sus últimos minutos su respiración se agitó, finalmente dio un suspiro y sencillamente dejó de respirar. Fue algo muy simple, muy natural. Su cuerpo, que había adquirido un tono amoratado, de repente estaba completamente normal. Su cara relajada transmitía una amplia felicidad.

Puedo decir que todavía hoy me resulta difícil seguir la vida sin su apoyo y su compañía, sin poder verla, tocarla, hablar con ella… Pero me ayuda mucho saber que marchó en paz y acompañada al otro lado.

Siento una gran admiración por mi madre y por cómo supo afrontar la enfermedad y la muerte. Solía hablarme de la reencarnación y de que estaba expectante por saber cómo iba a ser su próxima vida. Fue una mujer con una mentalidad muy abierta y muy curiosa. Ojalá pueda reencontrarme de algún modo con ella.

Si mi madre pudiera dar algún consejo a quien se encuentra cercano a la muerte, pienso que le diría: «*Déjate llevar. Deja hacer a tu cuerpo. Él sabe…*». En eso ella fue una maestra. Al final de sus días, estuvo muy conectada consigo misma, siguiendo lo que le marcaban sus sensaciones, sin resistirse, y mi impresión es que eso hizo que todo fuera más fácil.

En su esquela, quiso que pusiéramos una frase escrita de su puño y letra, que resume su filosofía y su forma de vivir:

«Que nunca te quede un TE QUIERO por decir. ¡Os quiero!».

MABEL, HIJA DE MARÍA TERESA

* * *

«El cuerpo parece tener su propia sabiduría. Si seguimos sus dictados, a medida que sus fuerzas disminuyen, el espíritu puede encontrar nuevas fuerzas y creatividad.» Son palabras de Cicely Saunders, impulsora del movimiento Hospice iniciado en Inglaterra en los años sesenta y que tuvo una amplia repercusión en la humanización de la atención al final de la vida.

Morir es ante todo un proceso natural, aunque a veces lo olvidamos. La tecnología, los avances médicos, los fármacos... han llevado a la civilización muy lejos a la hora de salvar vidas y aumentar el tiempo de supervivencia pero no han reducido el temor que suscita la muerte, más bien al contrario. A la mente racional le cuesta confiar en ese saber instintivo que rige el organismo y que suele tomar el mando en procesos tan esenciales como nacer o morir.

En ocasiones el tiempo del cuerpo difiere del tiempo de la mente. Debido a esa falta de sincronía algunas personas pueden encontrarse mentalmente dispuestas y preparadas para marchar mucho antes de que su cuerpo inicie el proceso de apagarse. Otras, por el contrario, afrontan el deterioro del organismo con temor y frustración, pues su mente aún no está reconciliada con la idea de morir.

Estamos acostumbrados a que el cuerpo siga lo que dicta la cabeza. Pero en la enfermedad es el organismo el que impone cada vez con mayor contundencia su propio compás, que por lo general será más lento y pausado de lo que el enfermo desearía.

Las sensaciones corporales pueden ser vividas de forma amenazante. Lo que molesta o duele recuerda inevitablemente a la enfermedad y atemoriza. La mente puede dar un significado funesto a estas señales, anticipando cosas que todavía no son o que quizá no ocurrirán. Otras veces es el propio organismo el que se adelanta mostrando unos síntomas que la persona se resiste a aceptar. Negándose, por ejemplo, a permanecer tumbada pese a la extrema debilidad, o forzándose a hacer más de lo que sus fuerzas le permiten.

Como dos instrumentos que se armonizan, mente y cuerpo pueden ir sincronizándose poco a poco, al ritmo de las circunstancias, conforme se aproxima la muerte. La sintonía, cuando se produce, genera alivio. Algo se suelta y se relaja. Es probable, como escribió Cicely Saunders, que seguir los dictados del cuerpo permita al espíritu, la parte interna e inmaterial de la persona, florecer en la calma y la conexión con uno mismo. Las fuerzas ya no se dedican a luchar en contra, sino a dejarse llevar por la corriente de lo que está sucediendo.

Ese instante de desprendimiento, de hondo soltar, suele ser perceptible para los acompañantes, pues el rostro y todo el cuerpo del que está próximo a morir se vuelve suave, liviano. Es el mensaje corporal de la entrega profunda, cuando la persona se alinea con el poderoso proceso que se está revelando, y que va más allá de lo que ella misma sabe.

El cuerpo, y también el alma, conocen lo que han de hacer en cada instante. Quizá sea la propia mente la que pueda encontrarse más perdida, entre deseos, miedos y expectativas. El consejo final de Teresa: «*Déjate llevar. Deja hacer a tu cuerpo. Él sabe...*», indica un posible camino, aunque no siempre es fácil seguirlo.

La labor más importante de los acompañantes —familiares, amigos y profesionales de la salud— es dar soporte al proceso que tiene lugar, distinguiendo entre qué es importante tratar para reducir el posible sufrimiento y qué es importante respetar como momento único de esa persona.

En el morir se dan unas fases reconocibles. Kathryn Mannix, en su libro *Cuando el final se acerca*, explica cómo mientras era joven y se formaba en medicina paliativa tuvo una lección magistral cuando su tutor —un médico experimentado— le explicó a una paciente, con suma claridad y detalle, lo que sucede en el proceso de la agonía hasta la muerte.

Mannix resalta algo interesante. Así como las embarazadas y sus acompañantes aprenden las fases del parto, a algunas personas les puede aportar consuelo y serenidad hablar de lo que pueden esperar en el proceso de morir, sabiendo que también existen unos patrones predecibles y que, por lo general, resulta indoloro. Eso mismo es lo que ella advirtió en aquella paciente que, tras ser delicadamente informada, se recostó en su cama y después de un profundo suspiro le dio las gracias al médico estrechándole la mano.

En una muerte esperada, si no surgen contratiempos o síntomas abruptos, se suele observar una desconexión paulatina. Conforme avanza la enfermedad aparece mayor cansancio, la energía se consume. Eso lleva a estar cada vez más tiempo dormido. De forma natural, la persona se retira hacia adentro y se despega poco a poco del mundo que la rodea. Su interés por el exterior se reduce, y en sus últimos días muy probablemente no precisará comer ni beber. En el final, sea con medicación o no, suele haber momentos largos de inconsciencia o un estado comatoso permanente, que son más profundos que el sueño.

En cierto punto la respiración comienza a cambiar. A veces es profunda y lenta; otras, más rápida y superficial. Existe un patrón muy identificable, denominado respiración Cheyne-Stokes, en el que al principio aparece un ritmo respiratorio más acelerado, que se ralentiza progresivamente hasta realizar una pausa larga. Tras la apnea el ciclo empieza de nuevo. En una de esas pausas, la respiración simplemente se detendrá.

Hoy en día hay personas que nunca han presenciado una muerte. Pueden faltar, por lo tanto, referentes para entender lo que sucede en este territorio tan desconocido. La carencia de información y de experiencia directa puede llevar a construir una imagen más negativa y aterradora de lo que en realidad es el proceso de morir. Para los que acompañan, resulta tranquilizador saber que los signos que observan —como los cambios en la respiración, en la temperatura y en la tonalidad de la piel, o los característicos estertores— son habituales en los últimos días y no producen malestar al que muere.

Por supuesto, no todas las agonías son plácidas. A veces el camino hasta ese estado de inconsciencia y respiración automática puede resultar tortuoso y difícil. En otras ocasiones la muerte devendrá de forma tan repentina que no habrá fases preparatorias. Enric Benito, oncólogo que trabajó veinte años en cuidados paliativos, nos recuerda que morir en sí no duele. Puede doler la enfermedad, ante lo cual será preciso utilizar todos los medios disponibles para reducir el malestar. El doctor Benito nos recuerda que el proceso de morir está sabiamente diseñado para que la desconexión progresiva haga que la persona deje de percibir sus sensaciones físicas; por lo tanto, no las sufre.

Para algunos familiares resulta difícil estar al lado de un ser querido mientras agoniza inconsciente. No es fácil vivir esta fase, sabiendo que es el final y sin poder comunicarse ni conocer lo que está viviendo esa persona internamente. Puede percibirse como un tiempo vacío o absurdo. Es lógico que aparezca el deseo de que acabe lo antes posible; suele haber cansancio, sufrimiento acumulado o incógnitas sobre lo que desearía el propio afectado. Pero quizá sea un tiempo que el cuerpo y el alma necesitan para separarse definitivamente, que asimismo permite la última despedida. Desconocemos cuál es la vivencia interna de quien está muriendo. Pero desde nuestra orilla podemos velar para que la persona esté tranquila, sin malestares físicos añadidos, proporcionando un ambiente que favorezca su paz en la travesía.

En ocasiones, como sucede en el caso de María Teresa, la persona en ese estado intermedio cercano a la muerte puede expresar a quienes la rodean lo que siente o ve. Los profesionales que trabajan acompañando a personas en este momento vital conocen este fenómeno y otros parecidos. Con relativa frecuencia escuchan a los enfermos, a veces en estado de semiinconsciencia, nombrar a sus padres fallecidos. Algunos explican que han soñado vívidamente con tal o cual persona o que han recibido la visita de seres queridos que ya murieron. De hecho, estos sucesos suelen interpretarse informalmente como el posible signo de un final próximo.

Estudiosos de las experiencias cercanas a la muerte, como Peter Fenwick, hablan de estas visiones en el momento de morir y han recogido centenares de casos. Según la ciencia, se trata de alucinaciones posiblemente producto de una actividad anómala del córtex cerebral; también podría ser un efecto secundario de los medicamentos que alteran la conciencia o de cambios orgánicos importantes, como el deficiente funcionamiento del hígado o los riñones, o dificultades respiratorias o cardiacas. Pero algunos investigadores refieren que estas alucinaciones, a diferencia de otras, tienen un sentido y una estructura definida. No son simples imágenes o mensajes que aparecen de forma aleatoria, y generalmente resultan reconfortantes y muy significativas para el individuo.

«Tanto si se interpretan estas visiones como un producto del cerebro o no —dice Fenwick— *resulta evidente el gran valor que poseen para la persona que las experimenta.»* Fenwick y otros investigadores las consideran una visita previa de recibimiento o bienvenida que aporta un gran consuelo y esperanza a la persona que está próxima a morir. Le ayuda a prepararse para dar el último paso en este mundo, sabiéndose bien acompañada.

«*Llevado por el horror a la muerte, me fui a las montañas.*
Medité una y otra vez sobre la incertidumbre de la hora
de la muerte, hasta captar la fortaleza de la inmortal
e infinita naturaleza de la mente. Ahora todo miedo
a la muerte se ha desvanecido y ha acabado.»

MILAREPA

MARI LUZ

Prepararse para el viaje

Mi hermana siempre fue una persona entregada a los demás, pero tenía cierta aura de tristeza y le faltaba empuje para hacer lo que realmente quería. Pasar por la enfermedad la fue transformando poco a poco. Fue superando miedos e inseguridades y se volvió más y más valiente. Es asombroso cómo esa experiencia tan difícil le permitió ser más ella misma.

Mari Luz hacía honor a su nombre. Era una persona muy buena, muy entrañable, transparente, sin maldad. Era la mayor de los cinco hermanos y siempre estuvo ahí, cuidando de todos. Nuestra infancia fue dura y en ella encontramos un puntal. Era quien nos aconsejaba, con quien comentábamos cualquier problema, la que se encargaba de las celebraciones... Cuando murió, nuestra madre dijo: *«He perdido más que una hija»*, y era cierto, pues también fue un gran apoyo para ella.

Cuando diagnosticaron a mi hermana cáncer de pulmón le dieron entre seis meses y un año de vida. Esa información era tan desalentadora y la veíamos tan frágil que decidimos no decírselo en ese momento. Murió diez años después.

El primer año fue muy difícil. Le afectó mucho perder el pelo debido a la quimioterapia y el tratamiento le produjo un herpes zóster muy doloroso por todo el cuerpo. Tenía toda la cara deformada y no podía casi vestirse ni salir a la calle. En esa etapa estuvo muy abatida. Pero conforme pasaron los efectos tóxicos del tratamiento empezó a resurgir. Al recuperar la energía y encontrarse mejor se fortaleció en todos los aspectos. Reemprendió los estudios que había dejado a los catorce años para ponerse a trabajar y comenzó a expresar lo que quería hacer, algo a lo que su marido y sus hijos no estaban acostumbrados, pues hasta entonces no lo había hecho.

Mi relación con Mari Luz siempre había sido de animarla e impulsarla a hacer cosas, pero decidí que, aunque se encontrara con dificultades, fuera ella quien tomase la iniciativa. Teníamos una relación muy próxima, de mucha confianza. Donde iba una, iba la otra.

En ese momento, casi por casualidad, acabamos en la charla de un lama tibetano que hablaba sobre la muerte. En mi interior pensaba: «*Si no puedo ayudarla a vivir, me gustaría ayudarla a morir*», puesto que el pronóstico que nos habían dado era desolador. Para las dos fue una experiencia muy impactante, pero para mí significó descubrir un camino espiritual que me ha acompañado desde entonces.

Empezamos a ir juntas a clases de meditación. Se despertó en ella una gran curiosidad. Leía mucho, iba a cursos y talleres, y le reconfortaban especialmente los actos de fe más allá de las creencias. Como, por ejemplo, cuando su marido subió doscientos escalones de rodillas hasta lo alto de una ermita ... Todo eso la llenaba, lo recibía con gran ilusión.

A raíz de unos problemas, a los cinco años del diagnóstico, empezó a soltar un poco toda esa fortaleza que había ganado. Me preocupó que se dejara ir y volviera a deprimirse. Así que me armé de valor y decidí explicarle lo que nos dijeron cuando le detectaron la enfermedad. Esa información actuó como un revulsivo para ella. Fue difícil, pero también la ayudó a empezar a vivir mucho más centrada en ella misma y en el presente.

Un año más tarde reapareció la enfermedad en el cuello y, lejos de desanimarse, se agarró a la vida con una fuerza admirable. A partir de entonces siguieron cinco años de tratamiento de quimioterapia sin pausa.

Mari Luz decía a menudo: «*Nunca he llorado tanto, pero nunca he sido tan feliz*». Disfrutaba de cualquier cosa, y empezó a necesitar menos de los demás, a reclamar su propio espacio. Le conmovía mucho saber que otras personas pensaban en ella y la tenían presente en sus oraciones, y decía: «*Soy tan afortunada, no sé por qué me quiere tanto la gente*». Recibía mucho amor simplemente por cómo era.

Pero el tumor del cuello no dejó de crecer y le acabó produciendo un dolor tremendo para el cual necesitaba medicación constante. Cuando le dijeron que no había más tratamientos posibles, se desesperó. Mi hermana en verdad tenía mucho miedo a morir. Era algo sobre lo que no podía casi ni hablar. En ese momento le dije: «*Mira, cuando la medicina no tiene respuestas, la mejor respuesta es la divina. Busca la fuerza dentro de ti, en tu espiritualidad. Esa fuerza que ahora está tapada por el miedo y el dolor*». Y la invité a que asistiera a un retiro con nuestro maestro budista.

Su experiencia en el retiro fue fabulosa, que precisamente estuvo dedicado al tema de la muerte. Se sintió tan cuidada e inspirada… Lloraba conmovida, totalmente abierta a nivel emocional. A partir de ese momento encontró la clave que más la ayudó: centrarse en su paz interior.

En febrero, antes de entrar a la consulta de la oncóloga me dijo: «*Creo que estoy muy mal y que me voy a morir*». Me miró a los ojos y me preguntó: «*¿Tú qué piensas?*». Teníamos el pacto de que si me preguntaba directamente yo sería sincera. Siempre la estaba animando a seguir y luchar, así que fue muy duro decirle a mi hermana: «*No sé cuándo va a ser, pero creo que es momento de prepararse*». Tras pronunciar esa frase lloramos y lloramos.

Entonces le pregunté: «*Pero Mari, ¿tienes miedo a la muerte o miedo a faltar?*». Y ella, tras pensarlo un poco, contestó: «*Miedo a faltar*». Y las dos decidimos atender todo aquello que le preocupaba, pues era ahí donde estaba realmente su dolor.

Ese tiempo de preparación fue importantísimo. Hablamos de todo. No quedó absolutamente nada por comentar. A ella le dolía mucho no poder participar en acontecimientos especiales de sus hijos —tenían 31 y 21 años por aquel entonces—, y decidió escribirles cartas para estar presente de alguna manera. Empezamos a arreglar temas de la casa, con los bancos... todo lo que tenía pendiente y necesitaba soltar para estar tranquila.

Sin perder su humor, a veces decía: «*Parece que estemos planeando un viaje a La Coruña*», y yo le comentaba entre risas que si quería lo podíamos llamar así.

Mari Luz fue indicando cómo deseaba que se hicieran las cosas: cuándo avisar a su marido, ya que él estaba trabajando fuera en un pesquero; o a su hija que estudiaba en Segovia; dónde esparcir sus cenizas...

Un día me llamó y me dijo: «*Llévame al hospital*». Tenía un dolor insoportable. Ingresó muy grave y decidimos que era el momento de avisar a la familia. Le costó, pues significaba reconocer que las cosas estaban muy mal. Al llegar su marido, con mucho cariño pero con firmeza, le dijo: «*Yo sé que me quieres, y yo te quiero un montón. Sé que tienes mucho miedo, pero intenta controlar tu miedo y dame espacio porque lo necesito*».

Después ocurrió algo sorprendente. Una maestra tibetana y madre de un reconocido lama a quien mi hermana y yo teníamos mucha devoción quiso hacer una llamada por Skype para verla. Tras unos minutos la maestra miró fijamente a Mari Luz, levantó una mano y recitó un mantra. Ambas se miraron en silencio durante casi un minuto. Al colgar, mi hermana dijo que estaba cansada y perdió inmediatamente la conciencia. Dejó de responder a los estímulos y empezó a tener apneas.

Mientras estaba inconsciente vino su hijo y estuvo mucho tiempo al lado de su cama; la llamaba angustiado y la tocaba con dulzura buscando que reaccionara. A las cinco horas Mari Luz seguía en el mismo estado y esperamos en el pasillo mientras un grupo de médicos la visitaba. Nos temíamos lo peor, pero al salir una doctora nos dijo que, aunque estaba muy grave, había despertado y preguntaba por nosotros. Cuando entramos nos recibió con los brazos abiertos, diciéndonos lo mucho que nos quería. Fue un momento maravilloso.

Al día siguiente recibió a más de veinte personas. Estaba muy contenta, hablaba y hablaba... Cuando le preguntábamos si estaba cansada decía que esas personas necesitaban verla. Esa noche me explicó que mientras estaba inconsciente sintió que se moría, pero se despertó de repente y vio a varios médicos con cara de espanto a su alrededor. Entonces pensó: *«Si me ha llegado el momento, quiero conectar con lo que me ayuda».*

A los pies de su cama habíamos preparado un altar con flores e imágenes inspiradoras para ella, y también con fotos de la familia. Con su mirada buscaba el altar, pero los médicos estaban delante y se lo tapaban. Según me explicó, cuando por fin pudo encontrarse con los ojos de la imagen principal suspiró y se calmó. También comentó que había echado en falta la fotografía de su maestro budista con la que practicaba habitualmente, para ella actuaba como un antídoto para el miedo. Así que me dijo claramente a modo de instrucción: *«Para quien afronta su muerte es importante tener cosas que le inspiren en un lugar visible. Son como un ancla que te aporta sosiego en los momentos difíciles».*

También me contó que en ese estado de inconsciencia tuvo miedo porque percibía cómo si su hijo la zarandeara fuertemente de los hombros y no la dejara irse, gritándole: *«Mamá, mamá».* Expresaba con dolor que eso no le permitía seguir la sensación de elevación que sentía y estar en paz, pero en ese momento tampoco podía comunicarse. Yo pensé que, aunque estaba inconsciente, había tenido una percepción acrecentada pero muy lúcida de la angustia de su hijo.

Después me pidió revisar las cartas que había elaborado y las leyó en voz alta. Decía cosas tan bonitas que yo empecé a llorar. Hizo un escrito precioso para su marido, en el que le expresaba lo mucho que lo quería y le daba permiso para que fuera feliz y pudiera vivir de nuevo el amor. También uno para el día de la graduación de su hija Carla, y una carta también muy sentida para su hijo Víctor. Precisamente su hija logró graduarse ese mismo año, y siempre dice que fue gracias a la inspiración y la fortaleza que le transmitió su madre.

En ese momento le pude expresar a mi hermana que estaba muy orgullosa de ella, de todo lo que había hecho, de cómo había madurado con la situación. También le dije que sentía mucha pena, pero que estaba tremendamente agradecida por lo mucho que había aprendido a su lado. «*Es que brillas, Mari*», le dije.

Se me quedó mirando y empezó a hablarme con dulzura: «*Tienes derecho a llorar. Que nadie te diga nunca que no has de llorar, porque no has llorado todavía*». Y siguió: «*Ojalá que todo lo que yo he vivido, todo lo que hemos sufrido con la enfermedad, todo mi dolor, te ayude a ti a ser más feliz, sobre todo cuando tengas dificultades. Porque entonces habrá valido la pena. Recuérdalo siempre. Yo no necesito nada más*». Y mientras me acariciaba el pelo decía: «*Todo está bien...*». Creo que son las palabras que mi hermana me ha dicho con más amor. Nunca he recibido tanto amor.

Dormimos cogidas de la mano, escuchando un mantra. Entre nosotras la llamamos «la noche de los mantras». Al día siguiente, después del desayuno, pidió acostarse y entró de nuevo en un estado de inconsciencia del que ya no despertó.

Fue muy importante hablar con mi sobrino y explicarle con mucho cariño lo que su madre había percibido. Él lloró mucho, pero luego tuvo la fortaleza y la gran valentía de entrar en la habitación y despedirse con serenidad. Después de ese despertar inesperado de mi hermana, todos nos sentíamos más capaces, más preparados, incluso su hija decía sentir una extraña sensación de entereza.

Durante esos días hubo una atmósfera increíble en la habitación. Cuidamos que nada perturbara el ambiente, intentando mantener un espacio de calma, meditando y con el sonido de los mantras acompañando su respiración. Su marido y sus hijos, y también mi madre, supieron aplazar su dolor para atender lo que Mari Luz necesitaba. Fueron tan respetuosos y tan generosos...

Estábamos toda la familia allí y de repente supe que se moría. Avisé a todos para que dejaran de tocar su cuerpo, dado que en la tradición budista esto es importante, e hizo su última exhalación.

Se produjo un momento increíble. Estábamos todos quietos, en silencio. Yo sentí el silencio más grande de mi vida. Y se percibía una paz indescriptible. Nuestra madre dijo: «*Qué muerte tan dulce...*». Nos permitieron acompañar el cuerpo durante cuarenta minutos sin tocarlo y después a solas pude leerle fragmentos del *Libro tibetano de la vida y la muerte*, de Sogyal Rimpoché. Fue un honor y muy bonito para mí poder lavar y vestir su cuerpo.

Durante los días siguientes sentía una presencia que lo abarcaba todo. A veces notaba como una superposición en mis ojos. Ella estaba en mí.

Mari Luz siempre me decía que si moría intentaría hacerme saber que estaba bien. Al cabo de un tiempo soñé que me levantaba de mi cama e iba a la cocina a preparar el desayuno. Y ahí estaba mi hermana con un cruasán en la mano, sana, bellísima. Empecé a llorar y le pregunté: «*¿Qué haces aquí?*», pues en el sueño era consciente de que había muerto. Y me contestó: «*Vengo a hablar contigo, pero no* *me dejan. Solo quiero decirte que puedes estar tranquila. Estoy muy bien».* Entonces le dije que rezo mucho por ella y me contestó: *«Lo sé, me llega todo. Y quiero deciros que no estáis solos. Nunca estáis solos».* Me desperté llorando muy feliz.

SILVIA, HERMANA DE MARI LUZ

* * *

Algunas personas, cuando logran asumir que su muerte está cerca, deciden prepararse. Como si se embarcaran en un último viaje, dedican parte de su tiempo y energía a organizar aspectos prácticos de su vida, ofrecen indicaciones sobre cuáles son sus voluntades, e incluso a veces disponen cómo desean que sea su despedida. Si estas acciones nacen de la necesidad del enfermo, lejos de generar una mayor angustia, suelen aportar tranquilidad y satisfacción.

En las situaciones que suponen una amenaza resulta especialmente angustioso lo que se percibe fuera del propio control. Y la enfermedad avanzada, con toda la incertidumbre y la impotencia que suscita, puede abocar al individuo a un desagradable sentimiento de indefensión. Desconocer cómo va a ser el proceso, convivir con síntomas físicos cambiantes, saber que los tratamientos no consiguen detener el progreso de la dolencia... puede causar un intenso malestar emocional, incluso trastornos como ansiedad o depresión.

Sin embargo, en ocasiones la persona, tras un tiempo necesario para adaptarse, consigue enfocarse en lo que está en sus manos, en lo que sí puede decidir.

Las investigaciones muestran que en los eventos estresantes resulta beneficioso cierta percepción de control interno. Significa que el enfermo reconoce que puede realizar cosas para contribuir a su bienestar, o a que su proceso de enfermedad o de morir sea más acorde con sus preferencias. Eso le sitúa en una actitud proactiva que le devuelve autonomía y seguridad.

A algunas personas les ayuda en este sentido disponer de la máxima información posible sobre su proceso, así como tomar el mando respecto a decisiones importantes actuales y futuras sobre su salud. También aporta sensación de control sentirse capaz frente a lo que se vive, saber que se dispone de recursos personales o del soporte del entorno, tanto de profesionales como de familia y amigos. En ocasiones esta fortaleza reside en reconocer que no es posible cambiar lo que sucede pero sí elegir la actitud con que se encara.

Para ofrecer un cuidado personalizado y evitar actuaciones médicas no deseadas resulta primordial conocer la voluntad de la persona. Pero no siempre es fácil descubrirla en un momento tan crítico como el final de la vida. A menudo ni el propio enfermo sabe identificar sus necesidades, especialmente en lo que atañe a situaciones que es preciso prever pero que todavía no han sucedido.

Actualmente se trabaja con diferentes herramientas que facilitan esta planificación anticipada. La medicina actual se basa en un modelo de simetría moral, donde el saber del facultativo colabora con la experiencia interna y los deseos del enfermo. Ya no suele estar tan en uso la visión paternalista, en la que se recibían indicaciones médicas desde una actitud pasiva. Hoy se siguen métodos más deliberativos que sitúan a la persona como protagonista.

Tanto el documento de voluntades anticipadas (DVA) o de instrucciones previas —que es un instrumento legal—, como la planificación de decisiones anticipada (PDA) —que se realiza dialogando con profesionales de la salud—, tratan de dar voz a las decisiones del individuo, especialmente por si en algún momento pierde la capacidad para expresarse.

Ambos procedimientos requieren una reflexión personal acerca de los propios principios, valores y deseos respecto a la atención sanitaria que se desea recibir en la enfermedad o en el tramo final de vida. Conviene revisarlos a lo largo del tiempo y en cualquier momento se pueden revocar. Siempre prevalecerá lo que la persona exprese verbalmente si mantiene su capacidad para decidir.

El DVA se puede realizar estando sano, para prevenir posibles situaciones inesperadas que puedan acontecer. Por su parte, la PDA se suele iniciar cuando existe una enfermedad grave declarada que plantea decisiones a corto o medio plazo.

En ambos casos se trata de responder a cuestiones tales como: *¿Qué significa para mí una buena calidad de vida? ¿Qué actuaciones sanitarias rechazaría si tuviera una enfermedad incurable y estuviera próximo a morir, o bien padeciese un estado vegetativo irreversible o una demencia avanzada? ¿Deseo realizar donación de órganos o donar el cuerpo a la ciencia? ¿Quién querría que decidiera por mí si en algún momento no estoy capacitado?*

Se pretende que estas y otras cuestiones tengan validez cuando ya no podamos expresar nuestra voluntad. En sí implican un ejercicio reflexivo y de concreción, y resulta conveniente comunicarlo a personas de confianza, así como a los médicos de referencia. No estamos acostumbrados a poner estos temas sobre la mesa. Es algo que cuesta, que puede generar temor o cierto rechazo y se suele postergar. Pero, en realidad, cuanto mejor nos conozcan, más podrán adecuar los cuidados a nuestros deseos.

Compartir conversaciones sobre la manera en que se entiende la vida y la muerte y lo que se valora como más importante ayudará enormemente a los allegados si en algún momento tienen que tomar decisiones delicadas, y los descargará de posibles culpas o interrogantes.

Sin embargo, realizar el DVA o la PDA puede resultar confrontativo, especialmente si se sufre una enfermedad, pues sitúa a la persona ante la posibilidad de morir. Como en el caso de Mari Luz, es necesario que se lleve a cabo cuando el enfermo pueda mirar hacia esa realidad. Tiene que surgir de su necesidad, aunque en diferentes momentos sea invitado a realizar esta deliberación.

También hay quien prefiere no anticiparse, e incluso delega la información y las decisiones en personas cercanas. De algún modo asume que los demás sabrán qué es lo mejor para él, y así evita ser plenamente consciente o tener que elegir. Tanto es un derecho estar informado sobre lo que concierne a la propia salud como ser respetado en la voluntad de no saber. Para algunas personas, tener que decidir supone un peso angustiante más que una ventaja.

Conforme la enfermedad avanza y se acerca el final, la persona puede delimitar mejor sus últimas voluntades. Ya no es un horizonte lejano que se imagina, sino algo que empieza a divisar. Desde su situación actual y lo que los médicos prevén de la evolución del proceso, puede cambiar su parecer respecto a decisiones tomadas o ajustarlas a las nuevas necesidades que puedan surgir.

Para algunas personas será importante ofrecer indicaciones no solo de los procedimientos médicos, sino de cómo desean ser acompañadas en los últimos días. Por ejemplo, si preferirían ser atendidas en el domicilio o en el hospital, si desean o no recibir asistencia religiosa o espiritual, o si eligen ser incineradas o enterradas, así como otras instrucciones sobre rituales después del fallecimiento.

En nuestra sociedad plural, con una amplia diversidad de culturas y creencias, coexisten diferentes formas de vivir el morir. Para las tradiciones espirituales, en este momento tan significativo resulta primordial encontrar guía y sostén en la propia fe. Como seres humanos tenemos derecho a ser respetados en la expresión de nuestras creencias mediante diversas prácticas o ritos. Pero también en la voluntad de que no se impongan símbolos ni actos religiosos cuando uno se define como laico o ateo.

Existe una creciente secularización desde una perspectiva social que considera la muerte el final definitivo, pero también hay una espiritualidad libre de dogmas que trasciende lo confesional. Ante la disparidad de necesidades individuales resulta importante que estas se manifiesten por escrito, por ejemplo con el DVA, o de forma verbal. Existen formatos genéricos de este documento que facilitan su cumplimentación, pero también es posible redactarlo uno mismo, siendo siempre preferible contar con el asesoramiento de profesionales de la salud.

En el testimonio de Mari Luz vemos la importancia que tuvo para ella estar acompañada de imágenes significativas, de mantras y de lecturas que le permitieran conectar con su paz interior. Todo aquello que inspira supone, según sus propias palabras, un ancla que ayuda a mantener la estabilidad mental y emocional. Y ante las turbulencias de la proximidad de la muerte, estos aspectos pueden resultar cruciales para quien realiza una práctica espiritual.

Es un misterio lo que sucede en la conciencia de la persona que está muriendo. Pero existen experiencias, como la que se relata en esta historia, en las que se perciben ciertos aspectos del entorno en un estado de inconsciencia, aunque puedan estar distorsionados o amplificados.

El budismo considera primordial mantener una atmósfera de tranquilidad y de paz alrededor del enfermo. Su conciencia sutil puede verse perturbada con facilidad, por eso conviene que los acompañantes aporten en lo posible una presencia serena. Esto no significa que se deba reprimir el llanto, pues es un sentimiento natural, pero sí se aconseja que las emociones intensas y el desahogo tengan lugar fuera de la habitación.

La maestra zen Joan Halifax escribe que al acompañar a alguien a morir podemos *«dar el regalo de no transmitir miedo»*. Esto significa que como familiares, amigos o profesionales tendremos que lidiar con emociones difíciles al ver partir a un ser querido, pero podemos elegir hacernos cargo de ellas. Es posible atenderlas en privado y poner toda la intención en ofrecer una base de tranquilidad y de confianza para facilitar que la persona pueda partir con la mayor paz posible.

«Paz profunda de la ola que fluye para ti.
Paz profunda de la brisa que corre para ti.
Paz profunda de la mansa tierra para ti.
Paz profunda de las estrellas que brillan para ti.
Paz profunda de la dulce noche para ti.
La luna y las estrellas derraman su luz sanadora sobre ti.
Paz profunda de Cristo, luz del mundo.
Paz profunda de Cristo para ti.»

BENDICIÓN GAÉLICA

MARGARITA

Morir con lucidez es posible

Yo tenía solo cuatro años cuando mi tía murió, pero el relato de su muerte excepcional ha acompañado a nuestra familia durante décadas y ha tenido una poderosa influencia sobre mí. Soy enfermera consultora clínica y desde hace más de veinte años me dedico a atender a familias con niños y adolescentes gravemente enfermos. Cuando acompaño en los procesos de enfermedad y en la muerte, siempre está presente lo que aprendí desde pequeña.

Mi tía se llamaba Margarita y en el momento de enfermar tenía 37 años. Quienes la conocieron bien la describen como una persona con una mentalidad muy abierta, muy innovadora para su tiempo, comprometida y sumamente volcada en la ayuda a los demás. Eso motivó que estudiara Trabajo Social en la primera promoción que se realizó en Barcelona tras la guerra, en los años sesenta. Pero no llegó a ejercer, pues le detectaron un cáncer de mama bastante avanzado.

En esa época el único tratamiento disponible era la bomba de cobalto. Solo pudo realizar unas pocas sesiones ya que la enfermedad se extendió rápidamente por todo el cuerpo. Seguramente padecía dolor, pues entonces todavía no se empleaba morfina para paliarlo. Sin embargo, en mi familia recuerdan la capacidad asombrosa que tenía para mantener su buen humor, sin apenas mostrarse quejosa o afligida.

Siempre se ha dicho que lo que realmente sostuvo a mi tía en su experiencia de enfermedad fueron sus creencias y su fe. Como sabía que su dolencia no tenía cura se dedicó a prepararse espiritualmente. Su actitud fue admirable. Era ella quien tranquilizaba a los demás, viviendo su situación de una forma sencilla y natural.

Tres días antes de morir, su hermana Vicenta, que vivía con ella junto con sus padres, advirtió que se encontraba más débil, postrada en la cama, y le propuso acompañarla durante la noche. Margarita contestó: *«Puedes ir a dormir a tu habitación pues hoy no me moriré, pero dentro de tres o cuatro días, sí».*

Ella anunció su muerte. Habló del mismo modo con el sacerdote que venía a visitarla al domicilio, sin mostrar en ningún momento temor, con una seguridad asombrosa.

Al cabo de tres días, al despertar por la mañana, dijo a la familia que ese mismo día iba a fallecer. Pidió que entraran todos en la habitación: sus padres, sus hermanos, sus cuñados…, y para cada uno tuvo unas palabras de despedida. En la estancia se respiraba una gran serenidad. Su aceptación facilitaba que los demás asumieran su muerte a pesar del dolor.

Mi tía Margarita dejó dicho que explicaran a sus sobrinos, que éramos todos pequeños, la verdad: que había fallecido de una enfermedad y que estaba tranquila en el momento de su muerte. Cuando terminó de dar sus instrucciones recibió la extremaunción y se confesó. El sacerdote quiso dejarle una Biblia con plegarias para el tránsito, pero ella respondió que ya había escogido las invocaciones que deseaba que la acompañasen.

Dicen que lo último que expresó fue que todos supieran que Dios era bondad. Acto seguido, solicitó a su hermana que empezara a leer las oraciones para encomendar el alma. Al cabo de quince minutos moría, escuchando aquellas palabras de manera plácida y en paz.

Aunque para la familia fue un golpe muy duro perder a alguien tan querido y tan joven, la manera como murió les ofreció un gran consuelo. Su muerte no fue vivida con desesperación ni con sentimiento de injusticia, aunque sí con mucha tristeza. En casa siempre se habló de la tía Margarita con admiración, al recordar la manera tan fluida en que supo abandonar este mundo.

Para mí, su muerte ha sido una guía en mi vida personal y profesional. Desde niña me dio mucha tranquilidad conocer esta cara menos trágica y más natural del morir. Recuerdo escuchar esta historia y la calma con que se transmitía, sin sentir miedo o angustia. Eso me ha permitido acompañar a algunos de mis familiares y a otras personas desde esa confianza. Es algo que está en mí.

Este ejemplo de buena muerte, coherente con la persona y sus deseos, está presente en mi profesión. Procuro que siempre se tenga en cuenta lo que los niños y adolescentes expresan y solicitan en su enfermedad o cuando están próximos a morir. Es importante respetar su proceso, más allá de la inquietud que se pueda generar en su familia y en los profesionales. Debe ser a su ritmo, a su manera, y no como impone el entorno. Por eso es preciso observar, estar muy atentos, pues ellos siempre nos van señalando lo que necesitan.

En mi familia nunca se ocultó la enfermedad ni la muerte, como a menudo se solía hacer en la época. Ese clima de normalidad y el hecho de poder nombrar las cosas tal como son me ayudó a asumir esa realidad como parte de la vida. Margarita murió en casa, sin intervención médica ni tratamientos, plenamente consciente. Su apertura espiritual, desde una creencia madura, interiorizada, le permitió mantener su congruencia hasta el final.

Agradezco profundamente lo que me mostró mi tía a través de su testimonio: que una muerte lúcida y serena es posible. Si ella pudo morir así, pienso que cualquier persona puede conseguirlo si las circunstancias lo favorecen. Varios de mis familiares fallecieron después siendo conscientes y con una aceptación calmada. Yo también aspiro a morir con lucidez.

NÚRIA, SOBRINA DE MARGARITA

* * *

La muerte de Margarita dejó un recuerdo positivo que se ha mantenido vivo en las siguientes generaciones. En este testimonio vemos cómo una muerte en paz puede convertirse en una referencia que perdura a lo largo de los años y tocan la vida de los que siguen más allá de lo imaginable.

Las circunstancias de la muerte, pero especialmente cómo fue vivida, formarán parte del legado familiar. Se trata de algo que se comunica a través de las palabras, con el relato que se construye sobre lo que sucedió. Pero también de forma inconsciente, infundiendo una sensación de confianza y naturalidad o, por el contrario, de inquietud y temor.

Hablamos de trauma transgeneracional cuando eventos traumáticos sacuden a una familia o a una sociedad y, al no poder ser elaborados emocionalmente, se transfieren a las siguientes generaciones. Todo aquello que no puede siquiera nombrarse porque generaría demasiado dolor, lo que se silencia y se esconde, puede seguir afectando, aun sin saberlo, a los descendientes.

Un fallecimiento difícil puede dejar como secuela una memoria dolorosa. Si no se consigue integrar y sanar esa pérdida, podrá convertirse en un tema tabú del que no se habla o en una cuestión sensible que irrumpirá reiteradamente en la vida familiar. De ese modo devendrá algo palpable tanto para los que participaron de ese momento como para los que, sin vivirlo directamente, perciben y sufren, incluso años más tarde, las consecuencias de ese impacto.

Por el contrario, un ejemplo de muerte bien vivida ejerce un efecto expansivo beneficioso que alcanzará también a todo el sistema familiar. En ese caso será motivo de resiliencia transgeneracional, pues ayudará a crear fortaleza y seguridad para hacer frente a las adversidades que vayan surgiendo.

Al atender a familias en las que uno de sus miembros está gravemente enfermo es importante conocer sus experiencias previas: *¿Cuál es su historia de pérdidas y traumas? ¿Cómo han sido sus vivencias anteriores con la enfermedad y la muerte? ¿De qué manera hicieron frente a las dificultades? ¿Qué secuelas positivas o negativas han dejado esas experiencias en ellos?*

Sabemos que ese bagaje influirá con toda probabilidad en el momento actual. Antiguas pérdidas y traumas pueden reactivarse ante la proximidad de la muerte, sea propia o de alguien cercano, y dificultar todavía más la adaptación. Mientras que las experiencias constructivas sirven de inspiración y ayudan a reconocer los recursos con los que puede contar la familia.

También puede haber quien se sienta abrumado ante un ejemplo como el de Margarita, al percibirse personalmente incapaz de alcanzar esa actitud. En ese caso la comparación supondrá un lastre. Cuando se idealiza el afrontamiento ajeno la visión de los hechos puede estar distorsionada, pues se pasan por alto las dificultades que también estuvieron presentes.

Las familias crean una forma propia de narrar los eventos importantes que acontecieron. De ese modo se genera una memoria colectiva. Lo que se resuelve bien, lo que en algún momento se ha podido superar, resulta más fácil de compartir. La vivencia traumática, en cambio, tiende a ser negada o callada. Sin embargo, se ha demostrado que el aislamiento y el silencio enquistan el dolor emocional y no facilitan su curación.

Así pues, cuando las palabras son bien empleadas ayudan a sanar lo que duele, las experiencias difíciles. De hecho, esa es la función principal de la psicoterapia. Pero los relatos también son el vehículo con el que se transmite la actitud resiliente. Escuchar la historia de su tía Margarita permitió que los niños de la familia incorporaran una visión más amable y natural de la muerte.

En el caso de Margarita, su religiosidad desempeñó un papel muy importante. Según Boris Cyrulnik, neurólogo y psiquiatra francés referente de la psicología moderna, la fe es un valioso factor que promueve la resiliencia. Pero únicamente si, en vez de vivirse con miedo al castigo, cumple una función protectora para la persona. Entonces supone un lugar donde ampararse, un refugio que permite encontrar un sentido más amplio a lo que sucede.

El informe de la Conferencia de Consenso, realizada en Estados Unidos en 2009 para mejorar la calidad de la atención espiritual de los cuidados paliativos, se refiere a la espiritualidad como una necesidad del paciente que afecta a las decisiones sobre el cuidado de la salud, por lo que es preciso realizar una adecuada valoración de esta área por parte de los profesionales.

Las convicciones religiosas y espirituales, advierte el informe, pueden suponer una angustia e incrementar las cargas de la enfermedad. O, por el contrario, ayudar a la persona a «*encontrar consuelo, conexión, significado y propósito en medio del sufrimiento, la desazón y el dolor*».

Por tanto, en función de cómo sean vividas las creencias pueden ser un recurso y una fuente de bienestar o bien generar mayor sensación de amenaza. La religiosidad o espiritualidad intrínseca beneficia a la salud mental y ayuda a afrontar las situaciones difíciles. Se trata de una fe más experiencial, en la que las creencias son interiorizadas y se viven de manera más madura y profunda, de forma más coherente con la propia vida. Mientras que en la fe extrínseca se repiten prácticas espirituales aprendidas pero que no conducen necesariamente a una transformación interior. Llevado a un extremo puede dar lugar a una moral excesiva y rígida que aboque al dogmatismo o a un pensamiento totalitario.

En este testimonio vemos cómo una apertura espiritual, a través de una religiosidad íntegra, permite trascender el sufrimiento tanto físico como emocional. Sabemos que el dolor aumenta si existen preocupaciones añadidas, emociones difíciles o una resistencia hacia lo que sucede. Del mismo modo, el bienestar espiritual ayuda a reducir el padecimiento en todas las dimensiones del ser humano.

Hay personas a las que les gustaría morir con lucidez, sin fármacos sedantes que enturbien su conciencia. Algunos procesos de enfermedad lo facilitan, pues los síntomas son tolerables o el enfermo los vive sin excesivo sufrimiento. Pero es preciso tener en cuenta que el dolor físico intenso afecta terriblemente al estado mental y anímico. Es complicado conseguir estar en paz mientras se sufre un malestar insoportable.

Ahora disponemos de muchos remedios para paliar el dolor a distintos niveles. Mientras se mantenga consciente, el enfermo puede pactar con los profesionales que le atienden estar informado de los fármacos que le suministran y de los efectos que tendrán en su lucidez mental. Hoy en día es posible graduar los calmantes para intentar preservar al máximo la conciencia, aunque a menudo el propio proceso generará una desconexión natural.

Es hermoso ver cómo un crecimiento personal a través de una vivencia difícil acaba teniendo un impacto positivo en la familia, que sigue propagándose incluso pasados los años. La confianza en la experiencia de morir se transmite más allá de las palabras.

«Existe algo en mí que puede decir cosas que yo mismo ignoro y que van más allá de mis intenciones.»

«El inconsciente es un pozo inabarcable de información y recuerdos al que podemos asomarnos para aprender tanto acerca de nosotros mismos como del mundo.»

CARL GUSTAV JUNG

ALBA

Mensajes del inconsciente

Alba y yo siempre tuvimos una unión muy fuerte. Me divorcié cuando ella tenía cinco años, poco después de que naciera nuestra segunda hija. Durante su adolescencia se fue a vivir a Luxemburgo con su madre y su hermana. Pero coincidió —cosas del destino— que cuando tenía 19 años aterrizamos los dos en Barcelona y convivimos de nuevo en el mismo piso. Nos llevó un tiempo adaptarnos.

Recuerdo perfectamente el instante en que recibí la llamada. Alba había ido con su madre al hospital, pues desde hacía unas semanas tenía sensaciones extrañas, como paranoias decía. Al descolgar, el tono compungido de Alba me hizo saber que algo malo pasaba: *«Papá, me han encontrado una cosa en la cabeza»*. Hay momentos que marcan inexorablemente un antes y un después en la vida. En la nuestra ya nada sería igual.

Desde el principio supe que iba a ir mal, incluso antes de tener el diagnóstico. Simplemente lo supe. Una tarde de agosto, sin viento ni nubes, conducía angustiado por una carretera muy recta que sube un valle. En la bajada apareció de la nada un matorral blanquecino, espinoso, que se movía por el asfalto de forma extraña, incluso amenazante. Tuve que dar un golpe de volante y me quedé ahí, clavado. Lo sentí como un presagio que auguraba mis más terribles temores.

No soy creyente, tampoco hago cábalas sobre si pervive algo después de la muerte, pero sí creo en una dimensión trascendente de la vida. Como una parte más irracional, más ligada al inconsciente, que nos llega a través de sensaciones o de hechos ordinarios que de repente adquieren un significado especial.

Según mi forma de entender, la condición humana tiene un límite. Más allá de él, no es posible conocer lo que sucede, solo podemos hacer fabulaciones, siempre creadas desde nuestro ángulo humano y, por tanto, posiblemente irreales. Asumir esta limitación de nuestra experiencia puede ayudarnos a movernos en lo real, sin caer en fanatismos o intentos de explicar lo que puede haber al otro lado.

Pero muchas tradiciones y leyendas lo dicen, y creo que es verdad: la muerte se anuncia. Además de ese presagio hubo muchos otros. Cuando volvimos al piso después de aquel verano en el que Alba empezó a encontrarse mal, las dos bombillas de su habitación explotaron al encender la lámpara. Y se habían caído las flores que tenía colgadas en la pared. Todo iba marcando una dirección… que las cosas iban a ir mal.

Una de las enseñanzas paradigmáticas de esta historia es cómo una chica joven, a pesar de tener tan solo 22 años, sin ser especialmente brillante en los estudios ni tener apenas trayectoria personal, puede ser capaz de desarrollar una inteligencia vital para afrontar algo tan importante y tan duro. Alba supo perfectamente lo que tenía que hacer para seguir sintiéndose… íntegra. Lo supo hacer.

¿Cómo lo logró? Enfrentándose a una situación tan dramática sin dejar de ser ella misma. Dándolo todo, repartiendo amor, y sin quejarse por lo que le tocaba vivir. Alba pasó por la enfermedad, la enfermedad no pasó por ella.

Pienso que la vida no es solo cuestión de cantidad, sino también de calidad. Alguien joven, como Alba, puede haberse completado como persona: ha logrado querer, ayudar a los demás, se ha formado y se ha podido reconciliar con su destino. Creo que esto es importante. Para mí, Alba murió completa.

Decía en su diario: «*Soy la primera sorprendida de mi manera de actuar, pensaba que me haría la víctima*». En cambio, se puso al frente y tiró adelante con dos intervenciones y la quimioterapia. Sus recursos eran totalmente intuitivos. Se centraba en estar bien, en estar guapa.

Enseguida me di cuenta de que lo más importante era ella. Mis problemas, mis tormentas anteriores... quedaron a un lado. Todo se focalizó en Alba. Y eso cambió radicalmente mi actitud: estaba menos crispado y emergió una parte de mí mucho más afectuosa y cercana. Creo que eso le dio apoyo para afrontar la situación. Éramos un equipo: yo me encargaba de la parte logística, de los médicos, las medicinas... Ella de estar bien, con buen humor. A su lado me sentía con una fuerza bestial, capaz de cualquier cosa. Todo estaba alimentado por el amor.

Esa fuerza no decayó en ningún momento. Para mí eso fue crucial, aunque por supuesto hubo momentos muy difíciles. A lo que tenía más miedo, más que a la propia muerte, era a que ella se derrumbara. Por eso cuando murió estaba eufórico. La doctora dijo: «*El padre de Alba está contento*». Y era verdad.

Alba siempre luchó, luego hubo un momento en que no dijo nada pero era visible que se daba cuenta de que no se iba a poner bien. Tuvo una fase de estar como enfadada, todo le molestaba..., pero después eso cambió, como si soltara toda esa frustración. Toda ella se fue acompasando al cambio que estaba por venir.

Nos debatimos entre afrontar el final en casa o en el hospital, y decidimos ofrecerle estar en su ambiente, en su habitación. En sus últimos días mantenía su humor, estaba muy cariñosa..., irradiaba serenidad. Aquel cuarto tenía una especie de luz. Y, es curioso, cuando ya estaba inconsciente, toda ella tenía un olor dulce como de galletita. Sí, ella estaba dulce.

Alba percibía el esfuerzo que estábamos haciendo, pasando las noches en vela y turnándonos su madre y yo para estar a su lado, y en cierta manera lo agradecía. Aun sin palabras, entendía el mensaje. Estoy seguro. Toda nuestra actitud expresaba: «*Estamos aquí contigo. No lloramos desconsolados. Te queremos, eres una persona especial... Pero te tienes que ir y nosotros lo aceptamos, y estamos contentos porque te vas bien*».

Se lo decíamos con flores, con velas perfumadas, manteniendo un ambiente de calma y silencioso... Su habitación era como una iglesia. Toda esa atmósfera era un mensaje directo a su inconsciente, mucho más profundo que las palabras.

Lo esencial para nosotros era que ella muriera bien. ¿Qué significaba eso? Tampoco lo sabíamos, no teníamos una idea preconcebida.

Era de madrugada, una noche de marzo, y Alba estaba muriendo. Hacía frío en la habitación. Ella estaba en la cama y nosotros tres a su lado: su madre, su hermana y yo. Recuerdo que la acariciaba y le decía cosas al oído, y sorprendentemente yo sudaba de calor. La atmósfera era muy intensa. Serena, pero con una intensidad creciente, como cuando vas subiendo el volumen de la música. Esa vibración en aumento culminó en el momento en el que murió.

Hay algo sublime en la imagen de una mujer joven, muerta, en estado de serenidad y de luz. Es un arquetipo que se ha utilizado en muchas religiones..., y eso estaba allí. Había paz.

Al cabo de un rato vino la doctora que nos había atendido en el domicilio a firmar el certificado de defunción, y le regalé algunas de las rosas de la habitación de Alba. Tengo la imagen grabada de sus lágrimas cayendo sobre el documento y esparciendo la tinta. Estuvimos con Alba hasta la mañana. Mi sensación era extraña, diferente a otras muertes que había presenciado, pues ella parecía estar sonriendo. Y la sentía tan, tan próxima...

Había dos partes en mí: la parte racional que seguía todo el proceso, que pensaba en la funeraria, lo que se debía hacer, y otra que percibía de forma clara y contundente que no había muerte. Como si todo lo que había pasado durante la enfermedad fuera la auténtica vida, lo más real, y aquello quedara en mí.

Creo que la gente tiene que saberlo: no hay que temer a que esa persona desaparezca de tu vida, porque si la has querido permanece dentro de ti. Esta división la percibí también en los años siguientes: por un lado, sintiendo mucho dolor y añoranza, pero siempre con una sensación de presencia. Alba no ha desaparecido de mí. Está. No de una forma fantasmagórica, pero está.

Después de su muerte tuve la necesidad de escribir en honor a Alba. Lo que sucedió con el libro fue una historia sorprendente para mí. Pasó de ser un testimonio privado a tener una repercusión mucho más importante de lo que nunca hubiera imaginado.

Fue Alba quien me transmitió su deseo de escribir un libro sobre su experiencia: quería ayudar a jóvenes enfermos de su edad. Yo sabía que por cuestión de tiempo ella no lo lograría, pero a menudo me hablaba de su proyecto en plural. El título —*Te lo contaré en un viaje*— lo puso ella y es una escritura a dos voces, utilizando su diario, sus notas, sus sueños… Y, por otro lado, mi vivencia como padre. No lloré cuando Alba murió, pero sí cuando escribí en el libro su muerte.

Ella siempre llevaba encima una frase de Blaise Cendrars: «*Vivir es, sin duda, una acción mágica*». Le hubiera encantado ver cómo su historia se expande y consigue llegar a otras personas. El mensaje de Alba es cómo vivió su proceso. Desde esa normalidad, esa apertura, esa simplicidad, pero a la vez tan real. Y el hecho paradójico de que la fuerza y las ganas de vivir, en lugar de convertirse en un tormento, le permitieron alcanzar una buena muerte. Ese fue su triunfo.

Alba era vida. Cuando sintonizo con ella me siento más conectado a la vida, no tanto al dolor. Para mí fue importante buscar asesoramiento y encontrar la manera de poder acompañarla emocionalmente. Tener un ritual con el que sentirme útil y ofrecerle sensaciones agradables con flores, regalos..., era una forma de señalarle ese camino hacia el que iba, envolviéndola de amor.

Considero el amor como una fuerza independiente del ser humano, del animal, de la planta y del universo. Es una fuerza abstracta, inmaterial, pero que existe. Hay algo ahí que perdura. Las cosas buenas se transmiten a través del amor.

CARLOS, PADRE DE ALBA

* * *

A veces las cosas que ocurren en el mundo exterior guardan un sorprendente paralelismo con la vivencia interna del momento. Fenómenos comunes de repente parecen conectados de forma casi mágica, ofreciendo una información directa, emocional, sobre algo que se percibe como certero aunque resulte difícil de explicar.

Carl Gustav Jung, el famoso psiquiatra suizo fundador de la psicología analítica, fue quien propuso el término sincronicidad para definir acontecimientos simultáneos que aparentemente no están ligados por una relación causa-efecto, pero que tampoco pueden entenderse como meras casualidades debidas al azar.

Algunos sueños, coincidencias y presentimientos guardan una curiosa concordancia con la realidad. Entrañan tal enigma que a menudo se opta por negarlos. Esto difiere de la mentalidad oriental tradicional, para la que todo está relacionado y conectado por una trama sutil, en la que se producen continuas resonancias entre el exterior y el interior.

Para quien los experimenta, como sucede con el padre de Alba, esos instantes suelen contener una inefable autenticidad. Son vividos como destellos de intuición, pues aluden a esa capacidad de comprender una idea o situación de manera instantánea, sin necesidad de razonar. Misteriosamente en ocasiones aciertan, aunque no siempre.

Se dice que las sincronicidades acontecen especialmente en etapas críticas de la vida. Estos periodos de cambio movilizan el psiquismo del individuo, pues suponen una ruptura de la anterior estabilidad. Los contenidos inconscientes —en forma de intuiciones, sensaciones o símbolos oníricos— parecen aflorar con mayor facilidad. Las personas más inclinadas a la introspección tienden a experimentar más sucesos de este tipo, quizá porque están más atentas o más receptivas a estas señales.

A finales del siglo xix, Sigmund Freud empezó a estudiar cómo nuestra conducta está determinada por fuerzas inconscientes. Los síntomas mentales no eran una simple anomalía cerebral sino que estaban cargados de un sentido psicológico que era preciso descifrar. Más adelante, Jung, que inicialmente fue discípulo de Freud, postuló que en nosotros existe, además de un inconsciente personal, un inconsciente colectivo formado por contenidos universales heredados que es común a la humanidad. Observó, por ejemplo, que algunos símbolos tenían significados semejantes en distintas culturas, a pesar de no haber estado en contacto.

«Igual que una planta produce sus flores, la psique crea sus símbolos», escribió Jung. El inconsciente se expresa de manera simbólica, y esas imágenes hablan con metáforas de aspectos relevantes para el individuo.

En una ocasión, un hombre con síndrome de Down que padecía un cáncer avanzado tuvo un sueño revelador pocos días antes de morir. Se encontraba en la orilla mirando hacia el mar mientras llegaba un gran barco a buscarlo. Su mayor sorpresa fue cuando se percató de que sus padres, ya fallecidos, lo saludaban con alegría desde la embarcación. Al despertar estaba entusiasmado, feliz. Su familia entendió que faltaba poco para el desenlace.

Existe, por lo tanto, una parte sabia en todos nosotros que conoce mucho más de lo que pensamos. Para Jung el inconsciente es un pozo inabarcable de información y recuerdos al que es posible asomarse para aprender tanto acerca de uno mismo como del mundo.

Monica Renz, psicóloga, teóloga y musicoterapeuta suiza especialista en cuidados paliativos, ha realizado diversos estudios científicos para explorar las experiencias internas de la persona que muere, incluyendo la comunicación no verbal y simbólica. Refiere que en el proceso de morir se produce una transformación que no afecta únicamente a la parte física de la persona, sino también a la emocional y la espiritual.

Muchas de esas experiencias no pueden ser relatadas directamente por el enfermo, pues su estado físico y mental puede dificultar la comunicación. Pero se manifiestan a través de signos corporales, como pueden ser inquietud, o un rostro sereno y tranquilo, así como ciertos gestos o palabras sueltas.

En la proximidad del morir se suele entrar en un estado de conciencia alterado. Las percepciones pueden ser distintas a las habituales, a veces incluso de carácter transpersonal, es decir, más allá de la personalidad individual, en lo que sería el inconsciente colectivo de Jung. Estas vivencias resultan más comprensibles desde un marco simbólico. Hay enfermos que a veces expresan sentirse atrapados, o que están atravesando un túnel angosto, o en un escenario bélico. Otras veces refieren visiones de luz, de seres que les acompañan, o sensaciones de plenitud y de paz. Podrían interpretarse como alucinaciones sin sentido, pero según Renz simbolizan la angustia o la apertura espiritual que pueden darse en el último tránsito.

De hecho, se ha calculado que tan solo un 2 % de la actividad cerebral resulta consciente. En los años cincuenta del pasado siglo el neurocientífico norteamericano Paul McLean formuló la teoría del cerebro triple, según la cual tenemos tres formas distintas de procesar la información. A nivel evolutivo, la parte más antigua corresponde al cerebro reptiliano, que regula las funciones básicas para la supervivencia, con respuestas instintivas y automáticas como la respiración, la temperatura, la regulación del sueño y la vigilia.

El cerebro límbico, que compartimos con todos los mamíferos, se creó como una capa posterior y es el responsable de las reacciones emocionales. Aquí residen los recuerdos inconscientes registrados en el cuerpo y las percepciones, así como lo que Stephen Porges, investigador y profesor de psiquiatría autor de la teoría polivagal, ha denominado neurocepción: la capacidad inconsciente de detectar señales del entorno a través de sensaciones internas de seguridad o de amenaza. El fenómeno de la intuición se explica científicamente debido a la gran cantidad de información que registra nuestro cerebro sin que seamos conscientes de ello.

Por último, el neocórtex, desarrollado únicamente en los primates y el ser humano, correspondería al cerebro racional, mediante el que poseemos las facultades analíticas y el lenguaje elaborado, el pensamiento y la capacidad para enlazar ideas y resolver problemas.

En los últimos días u horas de vida, la capacidad racional y consciente de la persona puede verse reducida, o bien oscilar entre momentos de lucidez y de somnolencia, pero continúa activo el cerebro subcortical, es decir, el emocional, y el reptiliano. El cerebro subcortical tiene la facultad de percibir la experiencia de manera global y emocional, captando el momento presente a través de los sentidos y las sensaciones.

Ofrecer un entorno cuidado e inspirador, como hicieron los padres de Alba, envía señales de seguridad al inconsciente de la persona y favorece que su sistema nervioso se relaje. Aunque el enfermo no pueda entender lo que se le dice, es probable que escuchar voces conocidas le ayude a sentirse confortable, acompañado. El propio tono de voz emite un mensaje que puede ser de miedo, crispación, o bien de tranquilidad. A pesar de tener los ojos cerrados la persona puede percibir el ambiente sensorial que la rodea: el aroma de las flores o de su colonia habitual, la música o los sonidos familiares, el contacto corporal calmante, la presencia de seres queridos...

Es bueno que los asistentes avisen al enfermo de los cambios o las acciones que se van a realizar en su cuerpo o en la habitación, aunque este permanezca inconsciente. Igual que una madre pone palabras a lo que le ocurre a su hijo y esto ayuda a la criatura a serenarse. En realidad, al final de nuestra existencia retornamos a ese estado de dependencia, muy susceptibles a lo que puede generar tensión o relajación, y con una sensibilidad pura y abierta.

La neurociencia explica que estamos configurados para vivir en conexión. El bebé y el niño pequeño necesitan a sus cuidadores para sobrevivir pero también para regular sus estados emocionales. En ese sentido, los adultos actúan como un neocórtex auxiliar, dado que esta parte del cerebro todavía no está madura en los pequeños. Al morir sucede algo similar. El cuidado respetuoso, las sensaciones agradables, la atención amorosa, el confort corporal... ayudan a crear un nido para que la persona se sienta protegida en su vulnerabilidad.

Algunos familiares o amigos pueden sentirse impotentes al no poder hacer apenas nada por su ser querido. Pero asumiendo que son sus últimas horas, podrán ofrecer lo más importante: una presencia serena y conectada, como vemos en el testimonio sobre Alba. Para ello necesitarán encontrar algo que les aporte estabilidad y les permita sosegar sus propias emociones, incluso pidiendo ayuda psicológica o espiritual si es preciso. Los estados emocionales y mentales se contagian mediante la conexión invisible que existe entre los seres.

Como acompañantes podemos ver el proceso de morir como algo natural, pero a la vez sagrado. Observando lo extraordinario dentro de lo común. En el momento de morir, podemos ayudar a la persona envolviéndola de amor y seguridad para que pueda ir abriéndose en confianza como lo haría una flor.

«En el naufragio de todo, la ternura se mantiene a flote.»

Víctor Hugo

CARLES

Una red de cuidado y apoyo

Mi marido era profesor de secundaria y durante un año estuvo compaginando su trabajo en el instituto con el estudio para preparar las oposiciones. Carles era muy metódico, tranquilo, paciente y una persona sumamente inteligente. Le gustaba hacer las cosas bien. Finalmente aprobó las pruebas, pero justo cuando llegaron los papeles para formalizar su plaza empezó a dolerle de manera persistente la cabeza y a tener cada vez más despistes.

En la primera visita médica le indicaron que esos síntomas seguramente eran producto del estrés y la tensión que había pasado. Estuvo una semana con un dolor intenso y decidimos ir a urgencias del hospital, donde le realizaron un TAC. Recuerdo que el médico salió a mitad de la prueba y me dijo sin preámbulos: «*Pues va a ser un tumor*». Me lo soltó tan de repente y de manera tan poco cuidadosa que me reí pensando que era una broma. Cuando me lo repitió con semblante serio entendí que se trataba de algo muy grave. Empecé a llorar clamando: «*¡Pero tenemos dos hijas de seis años!*».

Enseguida entró Carles a la sala, aún en la camilla, y tuve que fingir que no pasaba nada. Me miró, y seguramente vio algo en mi cara, pues le cayeron dos lágrimas. Al preguntarle cómo estaba me contestó: «*Siento que están a punto de darme una noticia que cambiará para siempre mi vida*».

Debido a que soy periodista y me dedico a temas de salud tengo conocimientos médicos, así que desde el inicio supe que se trataba de una sentencia de muerte. Las personas de mi alrededor trataban de animarme diciéndome que las cosas podían ir bien, pero yo estaba convencida de que era prácticamente imposible que fuera así, y eso me hacía sentir muy incomprendida. La manera en que me informaron fue tan impactante para mí que me dejó grabado un recuerdo traumático. En ese momento vi la película entera de lo que íbamos a vivir.

El primer mes tras el diagnóstico me sentía como si estuviera en un laberinto oscuro en el que había un monstruo enorme. Escuchaba su rugido, pero no sabía dónde estaba ni cuándo iba a encontrarme con él. Estaba totalmente desesperada, sin ver la salida. Pero tuve la lucidez de buscar ayuda psicológica, y también acudí al servicio de psiquiatría del hospital. Pensaba: «*Si me hundo, se van a hundir también mi marido y las niñas. No me puedo dar ese lujo*».

Por su parte, Carles estaba más centrado en vivir el día a día. Tenía un sentido práctico y preguntaba a los médicos: «*¿Qué podemos hacer? ¿Qué es lo que sigue?*». Aunque le fueron informando paso a paso de la enfermedad y de su gravedad, siempre solicitó que no le hablaran de su pronóstico o de fechas. Sabía que iba a morir, pero creo que pensaba que viviría unos dos o tres años. Al final fue un año exacto.

Entre los dos logramos ser una balanza en equilibrio, pues nos retroalimentábamos positivamente. A mí me ayudaba verlo tranquilo, sereno. Y a él, que yo estuviera entera, una vez que conseguí tomar las riendas de la situación. De manera intuitiva decidimos ser totalmente transparentes con nuestras hijas, Fiona y Tura, sin ocultar ni disfrazar la verdad, respondiendo a su necesidad de conocer lo que pasaba a medida que iban preguntando.

—¿Y qué tiene papá?

—Papá tiene cáncer.

—¿Qué es el cáncer?

—Es una enfermedad que forma unas bolitas que se reproducen dentro del cuerpo y se van haciendo más y más grandes.

—¿Y se puede curar?

—A veces sí y a veces no. A papá le han intentado quitar esas bolitas, por eso tiene ese corte en la cabeza. Pero a veces vuelven a crecer. También le dan unas medicinas muy fuertes y hay momentos en que se encuentra mal.

Ellas experimentaron un cambio drástico, pues antes de que apareciera la enfermedad casi nunca habían dormido fuera de casa y estábamos mucho con ellas. Tuvieron que acostumbrarse a pasar tiempo en casa de sus amiguitas, y también vinieron mis padres desde México algunos meses con nosotros para ofrecernos apoyo.

Carles pudo expresarse con normalidad hasta el final, pero se convirtió en una persona dependiente desde el inicio. La cirugía le dejó secuelas importantes, le afectó sobre todo a la memoria y a las funciones ejecutivas. Podía tener, por ejemplo, una pastilla en la mano con el vaso de agua al lado y costarle un rato recordar que primero tenía que ponerse el comprimido en la boca y después tragar. Era posible disfrutar de una conversación política o filosófica con él, pero no podía quedarse solo, pues se olvidaba de cerrar la puerta de casa al salir, dejaba cosas fuera de lugar…

Vivimos momentos muy duros. Recuerdo un día que las niñas trajeron unas hojas del colegio para que las firmáramos. Insistió en encargarse él, pero se quedó parado frente a los papeles mucho rato, sin saber qué hacer a pesar de mis indicaciones. Al final perdí la paciencia y lo quise hacer yo. No podía comprender que no lograra realizar algo tan simple. Él se levantó dolido y frustrado diciendo: «*Soy físico, doy clases de matemáticas y no puedo entender cuánto son dos más dos*». Inmediatamente me disculpé y nos abrazamos llorando. Fue la única vez que lo vi realmente desmoralizado.

A pesar del malestar que le producía la quimioterapia y las secuelas con las que tuvo que convivir, su actitud fue encomiable. Carles no luchó contra la enfermedad. Tampoco se resignó, simplemente la aceptó. Hizo todo lo que estuvo en sus manos para intentar curarse, pues lógicamente no quería morir, pero no se enfadó ni se rebeló contra lo que le tocaba vivir.

Pasó todo ese año dejándolo todo en orden. Me iba informando de dónde estaban los papeles y las cosas importantes, y tras su muerte encontré documentos que había preparado, por ejemplo, uno con todas las contraseñas o incluso un archivo en Excel con la economía doméstica. Era su forma de cuidarnos cuando él ya no estuviera.

Llegamos a hablar de dónde quería que se esparcieran sus cenizas y decidimos conjuntamente que no lo velaríamos en un tanatorio ni haríamos un entierro al uso. Pero Carles mantenía también la ilusión de seguir el máximo tiempo posible vivo, y dos meses antes de morir todavía buscaba a alguien que le diera clases de piano. No perdió nunca la esperanza ni la capacidad para disfrutar dentro de lo que le permitían sus limitaciones.

Poco después del diagnóstico, tuvo conversaciones personales largas y muy profundas con cada uno de sus padres, con su hermana y conmigo. Fueron momentos íntimos que valoró muchísimo y que, según me explicó, le dieron mucha tranquilidad. Más cerca del final, a menudo refería que no tenía miedo a morir, que se sentía en paz con la vida, y todo él lo transmitía: sus palabras, su forma de hablar, su estado de ánimo…

Sé que lo más difícil para él fue saber que no estaría presente en el futuro de nuestras hijas. Era lo que más lamentaba. Y su mayor preocupación residía en cómo iban a asumir el impacto de su muerte. Intentamos que las niñas pasaran todo el tiempo posible con él, incluso cuando estuvo ingresado dos meses en el hospital en la unidad de cuidados paliativos.

A pesar de que ya estaba bastante delicado, Carles quiso ir al pueblo natal de su padre en Teruel. Creo que para él era muy importante compartir ese viaje junto a su padre, pues prefirió no esperar. Al salir de una visita médica le dijo: «*Nos vamos mañana, papá*». Y así lo hicieron. Desgraciadamente, en el pueblo sufrió fuertes convulsiones y entró en coma. Movimos cielo y tierra para que lo trasladaran de urgencia, con la incertidumbre y la angustia de no saber si llegaría vivo a Barcelona.

Cuando despertó del coma y pude verlo, le pregunté: «*Cariño, ¿necesitas algo?*», y me respondió: «*Sí, compañía*». En ese momento decidí entregarme completamente para ofrecerle lo único que me pedía. Estar con él pasó a ser mi prioridad.

A partir de entonces Carles ya no pudo volver a casa, permaneció ingresado. Por suerte nos ofrecieron una habitación individual en el hospital, lo cual facilitó que las niñas pudieran pasar largos ratos allí sin molestar a nadie. Se llevaban los deberes para hacerlos mientras estaban con él, se tumbaban en la cama con su padre... Eran las mimadas de la planta. Yo prácticamente vivía en el hospital.

La unidad tenía un servicio de arteterapia y a Carles le encantaba. Era un momento especial para él, pues podía expresarse pintando y creando. Le ayudaba a elaborar emocionalmente lo que estaba viviendo y a veces compartía la sesión con alguien de la familia. Todas las obras que iba realizando decoraban la habitación y daban alegría a un ambiente de por sí frío y aséptico. Cuando ahora pienso en ese espacio que ocupamos durante casi dos meses, lo primero que recuerdo es esa pared llena de color y de pinturas.

Como madre, una de las cosas que más me preocupaba era cómo comunicar a mis hijas que su padre había fallecido. Busqué asesoramiento, pero fueron ellas mismas las que me ayudaron. Un día volví del hospital muy alterada por una circunstancia difícil que había vivido. Aunque intenté calmarme, Fiona y Tura notaron que estaba diferente y me preguntaron angustiadas: «*¿Qué ha pasado? ¿Se ha muerto papá?*». Las tranquilicé explicándoles que su padre seguía igual, y que yo estaba nerviosa por otros motivos. Entonces me soltaron: «*Cuando se muera papá no queremos que nos lo digas así*».

Aproveché esa situación para sentarme en el suelo con ellas y preguntarles cómo preferían que se lo explicara llegado el momento. Y fueron muy claras: «*Queremos que te sientes con nosotras como ahora y que nos lo digas tranquila. Después nos abrazas muy fuerte porque estaremos muy tristes*». Fue increíble que ellas mismas me indicaran lo que necesitaban, eso me dio mucha calma.

Cuando la doctora me informó de que seguramente Carles moriría en las siguientes horas, fui a casa y se lo expliqué tal y como habíamos acordado. Lloramos mucho las tres. Después ellas decidieron ir a despedirse de él, aunque en ese momento ya se encontraba inconsciente.

Fue un momento doloroso, pero a la vez bonito. Aunque solo tenían siete años, se colocaron espontáneamente una cada lado de la cama de su padre. Empezaron a acariciarlo con cariño y a decirle: «*Puedes irte tranquilo, has sido muy buen padre, no te olvidaremos nunca. Te tendremos siempre en nuestro corazón…*». Le dijeron muchas palabras sinceras y sentidas. Fue algo que surgió de ellas, de una manera muy natural.

Al día siguiente Carles todavía estaba vivo y las niñas insistieron en que querían volver a verlo. Nuestra hija Fiona deseaba pedirle permiso para tocar su violín. Mi marido era un gran apasionado de la música y tocaba varios instrumentos. Una vez lo hubo verbalizado delante de él, se sintió aliviada, y las dos se fueron.

Esa misma tarde, estando en la habitación con dos grandes amigos de Carles, nos percatamos de que empezaba a respirar más lento. Entendimos que era el final. Pusimos la música que le gustaba, una versión preciosa del *Claro de Luna* de Debussy. Y se fue así, plácidamente, mientras le decía al oído que se podía marchar tranquilo y que las niñas y yo íbamos a estar bien. Cuando dejó de respirar lloré como nunca antes había llorado en mi vida. A gritos, como un animal salvaje, durante varios minutos. Pero a la vez sentí una sensación de paz, por fin descansaba.

Creo que tuvo una muerte muy dulce. Pero en ese preciso momento también me di cuenta de que definitivamente lo había perdido. Percatarme de eso fue desolador.

Estoy orgullosa de Carles, de cómo vivió la última etapa de su vida y de lo mucho que nos facilitó el camino. Y de mis hijas, que tuvieron que afrontar esa situación tan difícil siendo todavía pequeñas. También me siento muy satisfecha conmigo misma, por lo que hice y cómo lo hice. Saber que pude acompañarlo hasta el final me consuela y me da paz.

Pero si fuimos capaces de afrontar la enfermedad de Carles es gracias a toda la ayuda y a la fuerza que nos transmitieron muchas personas que se volcaron con nosotros. Familia, amigos, madres del colegio, vecinos…, tuvimos una red de apoyo impresionante. Nos traían comida, venían a ayudarme con la limpieza, cuidaban a las niñas, había amistades que acudían a verlo cada día al hospital… Incluso mis parientes de México hicieron una colecta para que no tuviéramos problemas económicos.

La ayuda vino sin pedirla, y todo eso fue lo que nos sostuvo en esa época tan crítica. Si miro atrás creo que sucedió así quizá porque nosotros siempre fuimos muy entregados a los demás. Entonces venían y me decían: «*Vosotros siempre habéis estado a nuestro lado. Es lógico que ahora os queramos apoyar*». Las personas solemos sentir ese impulso genuino de ayudar cuando vemos que alguien verdaderamente lo necesita.

Pero pienso que nos ayudaron tanto sobre todo porque Carles era una persona a la que todo el mundo adoraba. Tenía un carisma especial, era muy querido y apreciado por quienes lo conocían, y todo ese amor le llegó. Pudo recoger lo que había sembrado.

KARLA, ESPOSA DE CARLES

* * *

La enfermedad no solo toca a una persona, llega a toda una familia y a su entorno cercano. Podemos imaginarla de manera metafórica como una piedra pesada que cae produciendo un gran impacto. Conforme más cerca se esté emocionalmente del enfermo, mayor será la intensidad de la sacudida y la repercusión que se sufrirá.

Como individuos formamos vínculos significativos, mediante los cuales vamos tejiendo una red de relaciones. Nos afecta lo que le sucede a alguien con quien nos une el amor y la amistad, y a la vez esos lazos afectivos son los que nos permiten ayudarnos y sostenernos unos a otros en los momentos difíciles.

El impacto de la enfermedad desestabiliza y genera cambios importantes en la familia y en la red social. Para adaptarse a las nuevas exigencias que demanda la situación será preciso ajustar la forma de organizarse y las prioridades; también variarán las dinámicas en las relaciones. El diagnóstico incorpora un nuevo huésped a la familia, aun sin haberlo invitado. Se tendrá que convivir con la enfermedad y con todo lo que conlleva a nivel práctico y emocional: miedos, preocupaciones, nuevas limitaciones, la anticipación de futuras pérdidas, la muerte...

Una red de relaciones suficientemente sólida permitirá que el peso se distribuya y sea más soportable. Esa trama entrelazada, rica en conexiones, aporta estabilidad y seguridad a una situación de por sí compleja y angustiosa. Pero si la red se encuentra empobrecida o tiene huecos importantes —cuando los lazos son frágiles, inexistentes o conflictivos—, existe un mayor riesgo de que aparezcan dificultades o de que el peso recaiga en unas pocas personas. Entonces puede resultar excesivo para ellas.

La enfermedad pone a prueba las relaciones, pues las tensiona añadiendo más estrés. En ocasiones se reforzará la confianza y el cariño presentes en la relación o surgirán nuevas conexiones con ciertas personas. Pero también pueden incrementarse los roces y las discusiones. Esta situación crítica actúa como una lente de aumento que evidencia y amplifica los problemas subyacentes. Puede acabar desgastando vínculos que ya eran débiles o propiciar que afloren antiguas desavenencias.

«La discapacidad, la enfermedad y la muerte son experiencias universales que ponen a las familias frente a uno de los mayores desafíos de la vida», escribe John Rolland, psiquiatra y fundador del Centro para la Salud Familiar de Chicago. Ante una dolencia grave es preciso atender de manera global y sistémica la crisis familiar que acontece, además del sufrimiento individual.

En los años cincuenta del pasado siglo científicos de distintas áreas se reunieron para crear un marco teórico y práctico que pudiera ofrecer una explicación de la realidad a distintos niveles. De ahí surgió la teoría general de sistemas (TGS), según la cual existen unas leyes comunes que rigen el funcionamiento de la naturaleza. Se definió un sistema como un conjunto de elementos que interaccionan y son interdependientes entre sí.

Una de esas leyes indica que el cambio en una parte del sistema afecta al resto. Otra define que el todo es más que la suma de las partes. Una célula, por ejemplo, es un sistema, pues dispone de unos límites definidos y contiene varios elementos sin los cuales no podría existir. Pero también lo es cada órgano del cuerpo, compuesto por millones de células. Los distintos órganos conforman a su vez el sistema global que denominamos cuerpo. Y la persona está integrada por diferentes aspectos, entre ellos la corporalidad, pero también las emociones, los pensamientos, los valores, la dimensión espiritual...

Todo eso forma parte de la persona, pero su identidad va más allá de la suma de esos componentes. Cuando algún aspecto cambia, como sucede con la aparición de una enfermedad física, también se alteran las emociones, los pensamientos que ocupan la mente, o se puede vivir una crisis existencial.

Como individuos formamos parte de sistemas más y más amplios, entre ellos la familia, pero también los grupos de amistades o el entorno de trabajo, así como el contexto social y cultural donde crecimos y vivimos. El paradigma sistémico explica por ello el mundo desde la perspectiva relacional, que incluye desde lo microscópico a la inmensidad del cosmos.

Esta mirada nos permite ampliar el foco, pues pasamos de observar a la persona de manera individual a descubrir la realidad más amplia que la acoge. Se basa en el concepto de interdependencia, según el cual estamos intrínsecamente conectados con los demás y existe una influencia recíproca constante.

Esto se hace muy patente en la vivencia de la enfermedad, al tratarse de una situación que altera el equilibrio de la familia y generar una mayor dependencia y necesidad de proximidad. Un familiar desbordado y con dificultad para gestionar lo que ocurre favorecerá, incluso sin desearlo, que aumente el sufrimiento de su ser querido; y lo mismo puede suceder a la inversa, si es el enfermo el que se ve sobrepasado por las circunstancias. Así pues, es importante disponer de una visión de conjunto y cuidar tanto del bienestar emocional de la persona enferma como del de sus familiares.

Cuando alguien cercano necesita cuidados, atenderlo pasa a ser la prioridad, y lo demás queda relegado a un segundo plano. A menudo los cuidadores acusan una sobrecarga excesiva por la incapacidad de reconocer que también tienen necesidades, como pueden ser el descanso, desconectar durante unas horas o unos días, o disponer de un poco de tiempo para ellos mismos. Al tener al lado a alguien enfermo puede resultar difícil darse «lujos» de este tipo. La necesidad de la otra persona resulta tan apremiante que uno puede sentirse egoísta o incluso culpable por permitirse pensar en él mismo.

Pero el cuidador ha de considerarse a sí mismo un recurso sumamente valioso para la persona enferma, y debe tener presente que solo es útil en la medida en que se mantenga en buenas condiciones. La situación de enfermedad se parece a una carrera de fondo, pues requiere la capacidad de dosificar y gestionar la energía para no desfondarse.

Como sucede en el caso de Karla, resulta beneficioso que el familiar sepa detectar sus propias dificultades para hacerse cargo de ellas, buscando si es preciso la ayuda necesaria. Es muy duro padecer una enfermedad, pero también lo es acompañar a quien la sufre. Días o meses dedicados al cuidado conllevan un alto desgaste físico y emocional, que suele pasar factura.

Asistir a un ser querido enfermo puede ser una experiencia sumamente gratificante y enriquecedora, un precioso acto de amor. Pero conlleva emociones difíciles y ambivalentes que el cuidador necesitará trabajar: sentimientos de impotencia y frustración, miedo y preocupación, el propio dolor e impacto emocional al ver cómo el enfermo cambia o pierde facultades...

Para morir en paz tras un proceso de enfermedad es esencial contar con un buen soporte de relaciones. La red de apoyo se construye desde el centro, con las personas más cercanas al enfermo y que generalmente tendrán una mayor implicación en los cuidados. Pero estas se apoyan a su vez en el entorno de amigos, parientes o vecinos, que ofrecen una ayuda adicional. Y la red se extiende con los profesionales sanitarios que brindan una atención especializada, así como con los voluntarios que dedican una parte de su tiempo al acompañamiento.

Tanto a nivel internacional como estatal, en los últimos años se están llevando a cabo iniciativas para sensibilizar a la población sobre la cultura del cuidado. Nos encaminamos hacia una sociedad cada vez más envejecida, en la que muchas personas padecerán dolencias crónicas e incapacitantes. Será preciso pues complementar la asistencia recibida por familiares y profesionales generando redes de soporte social.

Algunas localidades se postulan actualmente como ciudades compasivas o cuidadoras. Realizan programas de difusión, formación e intervenciones que pretenden promover este apoyo comunitario hacia las familias que afrontan la enfermedad y el final de la vida.

El objetivo es reducir el aislamiento y la soledad no deseada, que acontece cuando la red social es pobre o no existe la cercanía emocional necesaria. Entonces una persona puede sentirse insignificante o poco valiosa para los demás, lo cual puede conducir a una pérdida de sentido.

Carles y su familia supieron cultivar buenas relaciones a su alrededor, que durante la enfermedad se transformaron en una red de apoyo natural. Su testimonio también nos muestra la importancia de incluir a todos los miembros de la familia, por muy dolorosa que sea la situación. Se tiende a proteger a los niños, a los ancianos o los discapacitados, que a menudo son parcial o totalmente apartados, e incluso desinformados, con la intención de que padezcan lo menos posible.

Sin embargo, dado que forman parte de la familia, resulta inevitable que les afecte también la enfermedad. La cuestión es cómo acompañarlos en esa difícil vivencia. Quizá algunos niños apenas preguntarán, mientras que otros necesitarán conocer con más detalle lo que sucede. Algunos serán más expresivos, otros preferirán llevar su sufrimiento en silencio. El acompañamiento adecuado es el que tiene en cuenta las necesidades particulares de cada persona y en cada momento.

El tiempo de enfermedad también es una oportunidad para los miembros más vulnerables de la familia. Poder estar al lado del enfermo, participar en la medida de lo posible en los cuidados, si así lo desean, tener la posibilidad de despedirse, suele ser la mejor protección emocional ante el dolor de una pérdida.

El cuidado tiene un efecto bumerán: invertimos atención hacia otra persona…, y esa energía amorosa retorna con una sensación de satisfacción que perdura en el tiempo. Cuando no sucede así, suele ser porque se ha producido algún tipo de desequilibrio en la ayuda. El sentimiento compasivo tiene poco que ver con sentir lástima por el otro, consiste más bien en conmoverse con el dolor o la necesidad ajena y tener el impulso de ayudar.

Todos viviremos en algún momento la vulnerabilidad, sea de una manera o de otra. Ojalá crezca esta conciencia global y arraigue en nuestra sociedad una filosofía del cuidado, para crear redes de ayuda comunitaria que faciliten tanto el vivir como el morir.

«Anoche cuando dormía
soñé, ¡bendita ilusión!,
que una fontana fluía
dentro de mi corazón.

Di: ¿por qué acequia escondida,
agua, vienes hasta mí,
manantial de nueva vida
de donde nunca bebí?

Anoche, cuando dormía,
soñé, ¡bendita ilusión!,
que una colmena tenía
dentro de mi corazón.

Y las doradas abejas
iban fabricando en él
con las amarguras viejas
blanca cera y dulce miel.

Anoche cuando dormía,
soñé, ¡bendita ilusión!,
que un ardiente sol lucía
dentro de mi corazón.

Era ardiente porque daba
colores de rojo hogar
y era sol porque alumbraba
y porque hacía llorar.

Anoche cuando dormía,
soñé, ¡bendita ilusión!,
que era Dios lo que tenía
dentro de mi corazón.»

A<small>NTONIO</small> M<small>ACHADO</small>, 1907

GLORIA

Un tiempo para amar
y agradecer

El día que mi madre cumplió 75 años se sintió extremadamente cansada al volver a casa tras la celebración. Pasó la noche tranquila, pero al despertar se cayó en su habitación y la llevamos inmediatamente al hospital. Tras realizarle varias pruebas nos dieron la terrible noticia de que le quedaban unos tres días de vida. A todos nos cogió por sorpresa. Le diagnosticaron una leucemia mieloide aguda en estado crítico.

Al segundo día de estar ingresada tuvo un sueño increíble. Nos explicaba, extasiada, que se había visto a ella misma en la montaña de Montjuic, un lugar de Barcelona del que estaba enamorada y le recordaba su niñez, y que de repente una luz extraordinaria invadía todo el territorio. *«Era una luz impresionante, no encuentro palabras para describirla; no era algo que observara desde afuera, sino que yo formaba parte de esa luz... Estaba envuelta en esa luz...».* Se esforzaba en compartir lo que había experimentado, pero parecía que le resultaba imposible expresar esa vivencia en toda su magnitud. Mientras lo relataba su rostro reflejaba una inmensa felicidad.

Gloria nunca interpretó ni buscó una explicación a ese sueño. Simplemente lo vivió como algo maravilloso y natural. Cada vez que lo recordaba la invadía esa agradable sensación y sonreía. Yo lo entendí como un atisbo del otro lado.

Lo que tenían que ser tres días de vida se convirtieron en siete meses. Para los médicos era inexplicable que todavía siguiera aquí, tal y como estaba su organismo. Decidimos llevarla a casa, y durante ese tiempo recibió las visitas de un equipo sanitario domiciliario experto en cuidados paliativos.

Mi madre vivió esos siete meses en un estado de puro amor. Solo tenía palabras de agradecimiento y afecto para las personas que estábamos a su lado. Resulta extraño; en los meses en los que se encontró peor físicamente, con mayor debilidad y dolor, fue cuando estuvo más en paz consigo misma. Fue un periodo que le permitió amar y sentirse amada con mayor conciencia y profundidad.

Durante gran parte de su vida había sido una persona con muchos altibajos anímicos. Había épocas en las que estaba muy activa, pero de forma recurrente se sumía en un estado depresivo. Tomaba mucha medicación para controlar su estado de ánimo. Se acostumbró, pues, a convivir con ese malestar y con una sensación periódica de falta de energía. Es probable que esto enmascarara de algún modo los síntomas de la enfermedad.

Después del ingreso le retiraron la mayor parte de los psicofármacos que estaba utilizando pero, sorprendentemente, fue el periodo en el que estuvo más estable, más contenta y tranquila. Pese a que fue informada de que padecía una leucemia, su mente transformó ese diagnóstico, según sus propias palabras, en una anemia galopante, y a eso atribuía su debilidad. Este mecanismo de negación la ayudó a sobrellevar sus circunstancias. A ratos parecía percatarse de la gravedad y se preguntaba si lograría superar ese trance, pero por lo general se mostraba esperanzada, minimizando la causa de su malestar y su cansancio.

Para nosotros, recibir ese diagnóstico tan nefasto hizo que nos volcáramos en ella. La envolvimos de cuidado y de afecto, y para mi madre fue algo maravilloso. Se sintió colmada de cariño. No cesaba de repetirnos que no sabía de qué manera agradecernos lo que estaba recibiendo. A menudo nos decía: «*¿Cómo no me he dado cuenta antes de lo mucho que me queréis?*», como si de repente fuera consciente de todo el amor y el aprecio que despertaba a su alrededor.

Los profesionales que la atendían eran ángeles para ella, todas las personas con las que se topaba le parecían un encanto, y cuando acudía al centro de día o al hospital daba ánimos por doquier. Vivimos experiencias muy bonitas al compartir con ella este cambio sustancial en su humor y en su forma de estar.

Era un gozo ver a mi madre tan positiva. Siempre he pensado que si hubiera sobrevivido a la enfermedad su vida se habría visto transformada drásticamente. Durante esos meses estuvo diferente, como si se expresara lo mejor de sí misma.

Aunque yo tenía el deseo de compartir los últimos momentos con ella, finalmente no pudo ser así. La muerte suele romperte las expectativas... Me encontraba en el País Vasco en un viaje de trabajo cuando recibí una llamada de mi familia. Me explicaron que Gloria había empeorado súbitamente y que los médicos recomendaban iniciar la sedación sin demora. Pude conversar un momento con ella por teléfono. Estaba muy tranquila. Me dijo que se sentía muy, muy cansada, pero que no la dejaban dormir. Entendí que de algún modo me decía que ya quería soltarse y marchar.

Como siempre, nos expresamos nuestro cariño y lo mucho que nos queríamos. Y me despedí de ella diciéndole que, aunque me encontraba lejos, estaba a su lado, viajando con ella.

Puse todo mi esfuerzo en regresar lo antes posible. Busqué vuelos desesperadamente, pero tan solo encontré uno para el día siguiente. Sufrí una gran lucha interna. No quería que mi madre partiera sin mí y le pedía mentalmente que por favor esperara a mi llegada.

En un momento dado tuve una sensación muy clara: noté una ligera caricia en la cabeza, una mano rozando sutilmente mi cabello. En mi interior tuve la certeza de que era ella, pero mi mente seguía negando esa posibilidad. Me obstinaba en querer estar presente físicamente en el momento de su muerte. Ahora me doy cuenta de que había una conexión entre nosotras más allá de la distancia. Bajé corriendo a una playa preciosa cercana al hotel en Hendaya y escribí en la arena: *I love Gloria*.

Regresé un 8 de julio. Curiosamente, en mi agenda había apuntado desde hacía meses que volvía del viaje de trabajo ese día, aunque la vuelta siempre estuvo prevista para el día 12 de ese mismo mes. Es un misterio, pero tal vez una parte de mí ya sabía que volvería antes. Mi familia vino a buscarme al aeropuerto y entonces supe que mi madre había fallecido cerca del instante en que sentí su caricia. Optaron por no comunicármelo por teléfono.

Con el tiempo comprendí que si no estuve presente en el momento en que murió es porque tenía que ser así. En realidad, nos habíamos despedido tantas veces… Cuando entré en casa pasado el funeral me topé con una foto de mi madre. Estaba en un barco, sonriente, pletórica, justo en la playa donde yo me encontraba cuando ella partió. Fue como un guiño para mí.

Creo que la vida nos habla constantemente a través de las pequeñas cosas, sin embargo, a menudo no estamos atentos. Las sincronías son para mí una expresión de esa magia espontánea.

Ojalá todas las personas pudiéramos experimentar en algún momento esa forma de estar tan abierta y amorosa que vimos en los últimos meses en mi madre. Era un estado de apertura precioso. Para ella cualquier cosa era motivo de agradecimiento y cada día, sin excepción, nos decía lo mucho que nos quería. Siempre había sido cariñosa y expresiva, pero durante ese tiempo esa faceta de su personalidad se acentuó enormemente.

Pienso que nadie está del todo preparado para morir. Mi madre amaba mucho la vida y también a los suyos. Probablemente nunca hubiera querido marcharse. Sin embargo, ese tiempo extra que vivió fue un hermoso regalo para ella y para nosotros. Un tiempo en el que, más allá de las palabras, pudo despedirse, compartir y expresar el Amor en mayúsculas.

Tengo la sensación de que mi madre, con aquel sueño, rozó el límite entre esta vida y la otra, y que esa experiencia cambió de manera decisiva su percepción. Si pudiera transmitirnos algo seguramente diría: «*Aprovechad el momento. Expresad el amor que sentís y mirad hacia todo lo que podéis agradecer en vuestra vida. Dejaros de rollos. La vida es corta*». Y procuro tener presente este mensaje cada día.

ESTER, HIJA DE GLORIA

* * *

La gratitud es una medicina emocional que tiene efectos beneficiosos tanto para quien la recibe como para quien la ofrece. Cuando es sincero, este sentimiento nace de reconocer algo que se percibe como positivo. Incluso en una situación crítica pueden encontrarse motivos de agradecimiento si se pone atención a lo que, dentro de la dificultad, supone una ayuda.

Diversos autores —entre ellos Elisabeth Kübler-Ross, psiquiatra pionera en el acompañamiento al final de la vida, o el médico experto en cuidados paliativos Ira Byock— hablan de la importancia de expresar ciertos aspectos esenciales para poder despedirse en paz. Byock lo resume en cuatro frases clave: *perdóname, te perdono, gracias* y *te quiero.*

Cada una de estas frases contiene una tarea en el plano relacional, y a menudo se precisa un trabajo interior previo para poder formularlas de manera genuina. Nunca es tarde para el perdón o para expresar amor y afecto. Pero no es preciso esperar a que la muerte esté próxima para resolver temas dolorosos o manifestar todo aquello que se agradece. De hecho, resolver el mayor número de asuntos pendientes permite profundizar y sanar las relaciones con los seres queridos. Todo ello aporta satisfacción y tranquilidad de espíritu.

En algunas familias resulta natural expresar las emociones, mientras que para otras supone algo tremendamente embarazoso. Puede significar un acto de valentía hablar de los propios sentimientos y de lo que sucede en la relación, incluso cuando es positivo. Los seres humanos tenemos un anhelo de conexión auténtica con los demás a fin de poder mostrarnos y ser nosotros mismos de manera libre, sin farsas.

Al saber que su tiempo se acaba muchas personas se lamentan de no haber compartido más abiertamente sus sentimientos. Puede ser por timidez, por temor a la desaprobación de los demás, por no querer mostrar debilidad, en ocasiones por orgullo… Algunos enfermos refieren que les pesa no haber sido más afectuosos o no haber expresado más a sus hijos, su pareja, sus padres o hermanos, lo mucho que los aman o lo orgullosos que se sienten de ellos. También pueden arrepentirse de haberse distanciado de personas queridas, o del tiempo perdido por no haber buscado antes el reencuentro y haber dejado el conflicto a un lado.

Los profesionales de cuidados paliativos frecuentemente actuamos como puentes de comunicación entre el enfermo y sus familiares o amigos. La relación terapéutica, precisamente por su neutralidad y por tratarse de profesionales entrenados en el acompañamiento emocional, en ocasiones favorece que se desvelen los sentimientos. Los psicólogos tratamos de promover un espacio seguro en el que todos puedan hablar en profundidad de las preocupaciones, de la vivencia interna del momento, de lo que ayuda y lo que no ayuda... A veces somos depositarios de verdaderas confesiones o de expresiones de gratitud hacia los seres queridos, conscientes de que quien más necesitaría escucharlas sería algún familiar o el propio enfermo. Con la aprobación de la persona solemos invitar a la otra parte para que puedan compartir directamente esas palabras, de forma que se facilita, en lo posible, un encuentro sanador.

Recuerdo a una mujer que me recibía tumbada en la cama de su casa debido al estado avanzado de su enfermedad. Su hija entraba de vez en cuando en la habitación para participar en las sesiones, pero le costaba tanto conversar de manera franca con su madre que se movía continuamente por la estancia: organizando la medicación, ordenando los armarios... La enferma aprovechaba esa situación para hablarme de lo contenta que estaba de su hija, de sus logros, y lo agradecida que se sentía por cómo la cuidaba. En ocasiones resulta más fácil expresar sentimientos en tercera persona, sabiendo que el otro está atento escuchando. Fue importante para las dos acercarse de esa manera, hasta el día en que pude alentar a la hija para que se sentara con nosotras y, mirando a los ojos a su madre, pudo escuchar todo lo bonito que esta quería decirle.

Hay familiares que tienen miedo a expresar el amor o el agradecimiento porque creen que el enfermo puede interpretarlo como una despedida. No quieren incomodarlo o piensan que esas expresiones provocarán que sea más consciente de que puede morir pronto. Pero entonces se pierde una oportunidad única. Se trata de un momento excepcional para que la persona recoja todo lo positivo que ha sembrado en su vida, y para eso es necesario que se muestre la gratitud.

Conviene que este sentimiento se exprese en aspectos concretos y no tanto con generalidades. Por ejemplo, reflexionando previamente acerca de: *¿Qué me gustaría agradecer a esta persona? ¿Qué cosas ha hecho a lo largo de mi vida que me han ayudado? ¿Qué recuerdos me vienen a la mente y despiertan mi gratitud hacia él o hacia ella? ¿Qué ha dejado en mí su talante, su compañía, su cuidado?*

Resulta tan emotivo expresar agradecimiento... Puede suponer algo muy profundo dar las gracias a un ser querido por lo que hizo, rememorar momentos significativos y explicarle concretamente qué fue lo que nos ayudó, transmitiéndole cómo nos hace sentir su presencia o lo que significa él o ella para nosotros. Es un regalo de reconocimiento que ensancha el alma y devuelve a la persona una imagen positiva de ella misma. La gratitud puede ser muy reparadora.

El tiempo de vida es un tiempo de oportunidad. Lo que no puede expresarse en la relación podrá doler después, cuando la persona no esté. Por eso favorecer esta comunicación sincera tiene un efecto preventivo en el proceso de duelo posterior. A veces las circunstancias, una relación difícil o ambivalente o el hecho de que el enfermo no esté receptivo entorpecen esa transmisión de sentimientos. Las tareas de perdón, agradecimiento y expresión de amor inacabadas emergerán en el duelo; pero incluso entonces podrán completarse realizando un trabajo emocional con el recuerdo del allegado.

Julio Gómez, médico y responsable de la Unidad de Cuidados Paliativos del Hospital San Juan de Dios de Santurce, habla de la importancia de vivir preparados. Para ello propone realizar una revisión periódica —como si se tratara de una ITV— de los asuntos pendientes personales, sabiendo que acumular remordimientos y sentimientos no expresados puede provocar que estos se agolpen cuando llega el final.

Las últimas palabras de Ester al evocar a su madre resumen lo esencial: «*Expresad el amor que sentís y mirad hacia todo lo que podéis agradecer en vuestra vida*». Ciertamente, la gratitud supone una mirada apreciativa. Conlleva la capacidad de ver lo que se tiene y no tanto lo que falta. Permite valorar pequeños detalles y es la clave para lograr un estado de alegría y gozo. Este sentimiento brota de una apertura del corazón e invita a compartirlo con los demás.

En un estudio con personas gravemente enfermas se corroboró que orientar la atención hacia los eventos que despertaban gratitud ayudaba a reducir la ansiedad ante la muerte. Por lo tanto, es importante no subestimar el poder de esta actitud virtuosa, pues se ha demostrado que ayuda tanto en la salud física como en la psíquica.

Desconocemos los motivos por los que Gloria pudo vivir esos siete meses, incluso teniendo importantes molestias, con un profundo agradecimiento y bienestar emocional. En su caso, la negación inconsciente de su gravedad posiblemente la protegió de sufrir una angustia mayor. En ocasiones, incluso sin ser completamente consciente de la enfermedad, la persona se va ajustando a su nueva realidad. No siempre es necesario hablar directamente de la muerte para expresar con franqueza los sentimientos o para despedirse. Para sus familiares hubo claramente un antes y un después del sueño que tuvo al ingresar en el hospital.

Pim van Lommel es un cardiólogo holandés que empezó a investigar hace décadas las experiencias cercanas a la muerte (ECM), a raíz de las vivencias que relataban algunos de sus pacientes que regresaban a la vida tras un paro cardiaco. Sus resultados han sido publicados en prestigiosas revistas científicas. Según él mismo explica, hablar de ECM resulta confuso, pues algunas de estas experiencias pueden darse sin que la persona se encuentre en el umbral de la muerte, incluso sin sufrir ningún peligro físico o psíquico. Se ha observado que en estados avanzados de la enfermedad, cuando quedan meses o semanas para el fallecimiento, se pueden producir vivencias similares.

La luz es un elemento recurrente en las ECM; la mayor parte de las veces es vivida con una connotación positiva, con sensaciones de acogida, de expansión o placidez. Existen muchos otros elementos que pueden estar presentes, como sentirse invadido por una atmósfera de paz, la desaparición del dolor y el malestar, experiencias extracorporales, realizar una revisión instantánea de la propia vida, la percepción de un entorno sobrenatural, encuentros con personas fallecidas, etc. Por lo general estas vivencias suelen ser transformadoras. La persona a menudo emerge distinta, con cambios profundos en su modo de entender el mundo y también la muerte. Puede aparecer una mayor apreciación de la vida, así como un sentimiento compasivo natural, aunque también puede resultar difícil integrar esa experiencia en la cotidianidad.

El sueño de Gloria quizá fue una experiencia insólita que abrió su percepción a una mayor amplitud, como intuye su hija. En cualquier caso, el estado de apertura y de gratitud que vivió en sus últimos meses dejó un recuerdo especial en sus familiares. Supone un misterio si existe o no continuidad de la conciencia después de la muerte. Estas experiencias límite abren muchos interrogantes y cada uno los responde según sus creencias y su manera particular de entender el morir.

«No existe vida
que, aun por un instante,
no sea inmortal.

La muerte
siempre llega con ese instante de retraso.

En vano golpea la aldaba
en la puerta invisible.
Lo ya vivido
no se lo puede llevar.»

WISLAWA SZYMBORSKA,
«SOBRE LA MUERTE, SIN EXAGERAR» (FRAGMENTO)

ENRIC

La celebración de la vida

En el sexto mes de embarazo nos dijeron que nuestro hijo seguramente no iba a vivir. Finalmente nació y vivió casi diecisiete años, aunque con una pluridiscapacidad severa. Nos informaron de que Enric no podría caminar, pero consiguió hacerlo desde los seis hasta los doce años con ayuda, y también se apañaba gateando. A pesar de no poder hablar, logró comunicarse mediante el lenguaje de signos. Tenía la vista y el oído muy afectados y un retraso mental importante, pero nos mostró que captaba y comprendía más allá de lo que podíamos imaginar.

En la vida con Enric todo eran besos, cariños, risas… Cualquier cosa era una fiesta. Al llegar a casa nos recibía siempre con un gran abrazo y una inmensa alegría. Un simple plato de comida lo festejaba dando gritos y golpes en la mesa para demostrar su contento. Tenía la capacidad de saber cuándo su hermano Pau, que es dos años mayor, su padre o yo teníamos un mal día. Entonces sus abrazos eran aún más intensos, con la intención de darnos calma o ánimo.

Convivir con una persona así te cambia irremediablemente la manera de ver las cosas. A pesar de tener tantas dificultades, él nunca se quejaba; su tolerancia al dolor era muy alta. Cuando ahora tengo algún contratiempo a veces me planteo: ¿realmente es tan importante? Con nuestro hijo aprendimos a no ser quejosos y a apreciar lo que tenemos, pero sobre todo a saber vivir el aquí y el ahora.

Siento que ser la madre de Enric me ha transformado. He pasado de ser una persona que dudaba de todo y que no me atrevía a hacer nada sola —incluso escoger el color de las cortinas— a mostrarme muy decidida. Nadie lo hubiera dicho antes, pero ahora doy charlas y llevo grupos de apoyo para padres de niños con dificultades. No me molesta compartir mi experiencia y soy capaz de sacar el lado positivo de cualquier situación. Mi marido y yo decimos que tuvimos la fortuna de contar con un maestro en nuestro camino.

Desde el inicio luchamos para que Enric tuviera la mejor calidad de vida posible. Trabajamos mucho, con estimulación precoz, fisioterapia… Por suerte su respuesta fue muy buena. Aunque nunca llegó a ser autónomo, desarrolló muchos recursos y capacidades para hacerse valer y entender. Los médicos lo llamaban «el milagro de Santpedor», nuestra localidad.

Cuando mi hijo explicaba algo mediante gestos o el lenguaje de signos, yo le indicaba lo que había interpretado. Si estaba en lo cierto me abrazaba. Eso era un sí. Enric decía, por ejemplo, que las iglesias no le gustaban porque eran frías. Los cementerios, según él, eran una mentira, pues allí no había nada. Pienso que estos chicos con una situación tan especial comunican cosas muy esenciales, solo tienes que saber entenderlos.

Siempre supe que mi hijo no me sobreviviría. Sin embargo, cuando le detectaron una bacteria muy peligrosa en el cuerpo empecé a asumir que era una cuenta atrás. El nefrólogo nos informó de que una persona sin otras patologías añadidas y con tratamiento antibiótico de por vida podía sobrevivir unos diez años con la bacteria, evidentemente en el caso de Enric sería bastante menos. En ese momento lloré mucho, el mundo se me vino abajo. Fue una suerte iniciar mi duelo teniéndolo todavía aquí con nosotros. Sus abrazos eran un bálsamo.

Él siempre había expresado que quería tener unos pies «como los de mamá». Así que se valoró la posibilidad de realizar una intervención muy complicada para amputarle y recolocarle sus propias extremidades con el objetivo de que pudiera andar. Era algo tan anhelado para él... La operación fue muy bien. Enric estaba feliz: «*¡Pies nuevos!*», exclamaba. A menudo yo soñaba que mi hijo caminaba hacia mí y que nos fundíamos en un dulce abrazo sin fin.

Pero su situación de estabilidad cambió drásticamente cuando tiempo después la bacteria pasó a la sangre. Nos asustamos mucho, pues ya nos habían comentado que si eso ocurría podía morir. Sin embargo, el tratamiento pudo frenar la infección y empezó a mejorar. Yo volví a recuperar mi ánimo y mi fuerza habitual, y recuerdo que esa tarde, ante las buenas noticias, empecé a explicarle muy contenta que pronto volvería a casa, que estaría de nuevo con su hermano, que se reencontraría con sus compañeros...

Estábamos a solas en la habitación, y entonces Enric cogió mis manos para impedir que siguiera hablándole con signos. Me miró fijamente a los ojos y con una contundencia y una claridad que me dejó helada dijo: «*Mamá, basta*», «*Enric cansado*», «*Enric marcha*», «*Enric luna*». Y siguió repitiendo una y otra vez los signos de basta, cansado, caminar, luna..., incluso con cierta irritación. Una parte de mí entendía lo que me estaba diciendo, pero me negaba a aceptar el mensaje que repetía mi querido hijo. Cuando le insistía en que no se preocupara, que se pondría bien, él negaba con la cabeza y volvía a clavarme su mirada.

Un escalofrío recorrió todo mi cuerpo, al ser plenamente consciente de lo que significaban sus palabras. Entonces, como pude, le dije: «*Enric, ¿me estás diciendo que te deje marchar?*». Al escuchar esa frase, toda su inquietud y su movimiento cesó, y mantuvo largo rato sus manos cogiendo con cariño mi cara contra la suya. Poco a poco se fue quedando dormido, sosegado, como un angelito.

Muchas veces me había sorprendido mi hijo, pero esta comprensión era más propia de una persona adulta y preparada que de un chico de dieciséis años con discapacidad intelectual. ¿Pudo intuir alguna cosa imperceptible para los demás? No lo sé, pero para nosotros fue muy claro que había decidido partir.

Esa misma tarde, tras comentar lo sucedido con mi marido, hablamos con los médicos de guardia para dar la instrucción de que no se realizara una reanimación ni se le intubara si entraba en una situación crítica. Habían pasado dos años desde que contrajo la bacteria y sabíamos que las máquinas del hospital le producían terror. Aunque fue una decisión tremendamente difícil, no podíamos permitir que sufriera intentando alargar una situación irreversible. Los médicos se mostraron sorprendidos, las analíticas iban mejorando y nada hacía pensar que Enric podía empeorar. «*Ojalá tengan razón*», pensé.

Pasados dos días me ocurrió algo insólito: se me ulceró el ombligo. Una amiga enfermera opinó: «*Ha cortado el cordón umbilical*». Yo también lo había interpretado así.

Enric tenía devoción por su hermano mayor. Era un referente para él y la persona que lo había tratado con más naturalidad del mundo. Sentían un amor inmenso el uno por el otro. Esa mañana Pau cogía la mano de su hermano, y Enric hablaba y hablaba con él. Le enseñaba sus pies y le decía constantemente que le quería. Tuve la sensación de que era un momento distinto, especial, entre ellos.

La analítica de esa mañana y la subida de nuevo de la fiebre confirmó que la bacteria había resistido a los antibióticos. Enric empeoraba minuto a minuto. Yo sufría muchísimo por él, pero también por su hermano que estaba muy afectado por ver el cambio tan drástico que se estaba produciendo. Por suerte, un buen amigo vino al hospital y acompañó a Pau a casa, tal y como necesitaba. Cuando llegó mi marido nos abrazamos fuertemente. Sin decirnos nada ambos supimos que estábamos cerca del final.

A partir de ese momento estuvimos los dos con nuestro hijo. Nos tomó un tiempo, pero cuando recobramos cierta calma empezamos a preparar su despedida. Le comentamos a Enric que haríamos una fiesta y que pondríamos esas canciones que tanto le gustaban; él sonreía. Mi marido hizo un escrito sentado junto a él como recordatorio. Para nosotros era importante darle las gracias y transmitirle tranquilidad. Lo acariciábamos, lo besábamos y le decíamos que disfrutaríamos de la vida al máximo, como él nos había enseñado. Sorprendentemente, me recuerdo serena. Sentía que algo me guiaba con lo que era preciso hacer y decir.

A la mañana siguiente vino su neurólogo a la habitación, la relación con él era muy cercana. El médico lo cogió de la mano y simplemente le dijo: *«Enric, puedes marchar tranquilo cuando sea tu momento. Tus padres están bien»*. Él nos miró, sonrió ligeramente y murió. Hubo un silencio especial, como si pasara una brisa.

Al notar que su corazón había dejado de latir me faltó el aire y tuve la sensación de que todo se tambaleaba a mi alrededor. Las piernas me flaqueaban... Enric ya no estaba y deseaba ir con él allí donde estuviera. Era como un impulso... Cuando entró mi hijo Pau en la habitación nos unimos en un tierno y a la vez triste abrazo. Solo él podía enraizarme de nuevo a la vida, y me prometí que a pesar del tremendo dolor que sentía seguiría adelante.

Han pasado seis años desde que falleció Enric. Nos ha costado mucho seguir adelante como familia, pero lo hemos conseguido. A veces me preguntan: *«¿Y no te ha quedado ninguna secuela?»*. Y respondo: *«Tuve que aprender a vivir de nuevo, de una manera completamente diferente»*. Después de su muerte, lo que realmente me ayudó a superarlo fue escribir mis sentimientos y mis vivencias en un blog.

Un amigo de nuestro hijo que tiene parálisis cerebral siempre habla de él como si lo viera; dice que ahora camina y baila porque tiene piernas. Él supo que había fallecido antes de que le informaran. Cuando vio a sus padres justo después de que ellos hubieran recibido la noticia les increpó: «*¿Y cuándo me explicaréis que Enric ha muerto?*». Pienso que estas personas tienen una percepción diferente y que nos pueden ayudar a vivir la muerte de forma menos dramática. A veces le pido que me dé un abrazo doble: por él y por Enric. Entonces me dice: «*Enric me pide que te dé este*».

Ahora, para nosotros como familia, cualquier cosa es digna de celebración. A veces nos dicen: «*Pero ¿qué celebráis hoy?*». Y contestamos: «¡La vida! ¡Celebramos la vida!».

MONTSE, MADRE DE ENRIC

Escrito realizado en honor a nuestro hijo:

http://lessenciadelenric.blogspot.com/

Gracias, Enric.
Gracias por habernos enseñado tanto
sin saber escribir.
Gracias por habernos dicho tanta verdad
sin saber hablar.
Gracias por demostrar que se puede hacer camino
sin poder caminar.
Gracias por habernos dado tanta felicidad
a cambio de una sonrisa.
Gracias por estos casi 17 años de alegría

que nos colmarán para siempre.
Gracias por habernos hecho mucho mejores
porque has sido...
un gran maestro de la vida.

* * *

Los niños y las personas con discapacidad intelectual pueden mostrarnos aspectos valiosos sobre cómo vivir el morir. De manera natural y con mayor facilidad sintonizan con lo esencial. Es posible que sea porque tienen menos capas que los adultos, al no llevar tantas responsabilidades ni vivencias a cuestas. Su mente está más libre de ideas, creencias y pensamientos anticipatorios.

A menudo sorprende, como explica la madre de Enric, la facultad que tienen para captar sutilezas del estado emocional de otras personas. O bien para expresar con claridad —aunque sea utilizando el lenguaje simbólico— cómo entienden lo que les sucede. En ocasiones su intuición puede ser muy aguda y certera.

La psiquiatra Elisabeth Kübler-Ross, que acompañó a muchos niños gravemente enfermos, explicaba que siendo muy joven visitó un antiguo campo de concentración en Polonia. En uno de los barracones donde se alojaban los niños antes de ser llevados a morir descubrió que habían dibujado motivos raspando las paredes con las uñas y piedras. Las figuras más frecuentes eran mariposas. Más adelante se dio cuenta de que muchos niños realizaban dibujos similares cuando se acercaba su muerte. Lo interpretó como un símbolo de transformación: el gusano, tras un período de transición en la crisálida, sale convertido en mariposa, y las personas al morir dejan atrás el envoltorio de su cuerpo físico y su alma se libera.

Los niños y los discapacitados mentales tienen una percepción distinta que los adultos. Su capacidad para razonar y realizar una elaboración intelectual es menor, pero tienen un conocimiento mucho más sensorial. Perciben a través de sus sensaciones y emociones, lo que captan en su entorno y lo que sienten en la relación con otras personas. Son verdaderas antenas de lo que sucede a su alrededor, aunque no siempre sepan ponerlo en palabras o explicarlo.

La neurociencia describe que estas aptitudes forman parte del sistema nervioso autónomo (SNA), el cual tiene la función de regular nuestro estado fisiológico y emocional. «*Mucho antes de que la información llegue al cerebro para formar un pensamiento, nuestra biología ya ha tomado medidas*», escribe Stephen Porges, investigador y profesor de psiquiatría, autor de la teoría polivagal. La neurocepción es, según Porges, la capacidad inconsciente de detectar continuamente señales de seguridad o de peligro a través de nuestras sensaciones internas. El sistema nervioso responde en consonancia: con apertura y relajación cuando nos sentimos seguros —lo cual permite conectar con confianza con los demás—, y con tensión y activación al percibir algo amenazante.

El sistema nervioso autónomo se está sintonizando continuamente con el entorno. La diferencia es que los niños y los discapacitados mentales, en los que la razón interviene menos, están más abiertos a cómo sienten las cosas y a esa información directa, sensorial.

Esto no significa que desconozcan el miedo o la preocupación. Por supuesto, experimentan también sufrimiento emocional y, como los adultos, necesitan realizar un proceso para llegar a adaptarse a una realidad no deseada. Les resulta más difícil regular sus emociones, pues todavía no han asumido ese aprendizaje, y precisan que las personas de su entorno les ayuden a entender lo que les pasa y a calmarse. Pero a pesar de que su desarrollo cognitivo y emocional esté inacabado pueden tener un conocimiento interno, no intelectual, de su propia muerte.

Sabemos que se necesita cierto grado de desarrollo para comprender de manera completa lo que significa morir, y eso no es posible hasta alcanzados los 9 o 10 años. En el caso de las personas con retraso intelectual dependerá de su edad madurativa. En este período se asumen los tres conceptos esenciales que definen la muerte: universalidad, irreversibilidad y cesación de los procesos corporales.

Hasta los 5 o 6 años se piensa en la muerte como algo reversible, provisional e impersonal. Es la etapa del llamado pensamiento mágico, en que los niños se imaginan que los fallecidos siguen respirando, comiendo, moviéndose… Todavía no pueden concebir racionalmente su propia muerte. En la etapa escolar empiezan a darse cuenta de que todos los seres vivos mueren y de que es algo definitivo. Se tiende a personificar la muerte con imágenes de figuras oscuras o esqueletos que pueden llegar a provocar miedos y terrores nocturnos.

Cuando finalmente se toma conciencia de la universalidad de la muerte, por lo general hacia los 9 o 10 años, puede aparecer el temor a morir o a perder a los familiares cercanos. Los preadolescentes y los adolescentes tienen una noción similar a la de los adultos, pero necesitan crear su propia filosofía de vida y surgen en ellos planteamientos más elaborados. Son plenamente conscientes de las consecuencias emocionales que puede acarrear una muerte, aunque por su edad puedan tener actitudes evitativas.

En el caso de Enric, desconocemos cuál era su capacidad para comprender cognitivamente su situación, pero ofreció mensajes muy directos a su entorno. En esa conexión tan profunda con sus padres y su hermano, creada durante años de relación y de cuidados, hubo una comunicación y un entendimiento mutuo.

En los niños y en las personas con una discapacidad intelectual importante, el sentido del yo no está tan formado ni delimitado como en los adultos. Por ejemplo, la autoconciencia —que supone la capacidad para percatarse de uno mismo— no empieza a adquirirse hasta la edad madurativa de los tres o cuatro años. Están, por tanto, mucho más fusionados con su entorno familiar, y serán especialmente sensibles a las emociones y las vivencias que se despierten a su alrededor.

Su forma de vivir la enfermedad dependerá, en parte, de la manera como la afronte su entorno. Su mente todavía en formación asumirá las ideas y las actitudes sobre el morir que imperan en su ambiente. Si la familia evita hablar de ciertas cosas o expresar emociones, el niño tenderá a imitarla y pensará que eso es lo adecuado, aunque también puede compensarlo mostrando inconscientemente la actitud contraria. Los adultos cuidadores se encuentran ante un doble reto: acompañar a su hijo transmitiendo la mayor serenidad posible y, por otro lado, atender sus propios miedos y su propio dolor.

Ver el sufrimiento de seres tan inocentes nos conmueve hondamente a todos, pero resulta terriblemente difícil para la familia y las personas cercanas. Se suele vivir como algo absurdo, injusto, incomprensible, que va en contra del orden natural. Los hermanos, por su parte, deben lidiar con grandes temores y preocupaciones antes de tiempo. Viven dos pérdidas importantes a la vez: por un lado la relación fraternal que les une a su hermana o hermano, y por otro dejar de tener a sus padres disponibles, como lo estarían en circunstancias normales. Una situación de enfermedad roba a la familia mucho tiempo y energía, tanto a nivel práctico como emocional, y más aún cuando se trata de un menor o una persona dependiente por algún motivo.

En su fuero interno los niños y los jóvenes enfermos también desean proteger a su familia del dolor. Cuando se aproximan a su muerte pueden necesitar escuchar o saber que sus seres queridos podrán sobreponerse a su pérdida. Eso les aporta una tranquilidad básica. Por ello resulta relevante la frase que pronunció el neurólogo: «*Tus padres están bien*».

De personas como Enric podemos aprender que en algún punto los conceptos y los razonamientos no servirán de gran ayuda. Cuando el sentido del yo no está tan construido resulta más fácil soltar, porque existe menos necesidad de control. Estamos muy identificados con todo aquello que define nuestra individualidad, con nuestro cuerpo, las propias ideas y forma de pensar, los principios y valores que nos definen, la profesión y el entorno familiar, nuestros recuerdos… Y olvidamos que somos mucho más que eso.

Las tradiciones espirituales recalcan la importancia de entrar en contacto con aquello que es mucho más amplio que nuestra personalidad, con el ser esencial. Sería una forma de aludir a esa sensación de profundidad, de presencia consciente, de amplitud interna, que está en cada persona y que es preciso reconocer y desplegar en vida.

En el proceso de morir todas las identificaciones se disolverán, desaparecerán, como el envoltorio de la crisálida. Tal vez es preciso dejar ir todo eso para descubrir que nuestro ser es mucho más grande.

«Y os digo que la vida
es realmente oscuridad.
Salvo allí donde hay entusiasmo.
Y todo entusiasmo es ciego,
salvo donde hay saber.
Y todo saber es vano
salvo donde hay trabajo.
Y todo trabajo está vacío,
salvo donde hay amor.
¿Y qué es trabajar con amor?
Es poner, en todo lo que hagáis, un soplo
de vuestro espíritu.»

KHALIL GIBRAN

ANTONIO

Decidir el final

Mi padre nació en un cortijo de un pueblo de Granada, donde trabajaban mis abuelos. Eran gente humilde de campo y desde muy pequeño se encargaba de cuidar cabras, así que apenas pudo estudiar. Cuando era joven, se trasladó con su familia a Valencia durante los años de la industrialización, cuando se abandonaban los pueblos para ir a las grandes ciudades. Allí conoció a mi madre y fue donde residió el resto de su vida.

Antonio era un hombre callado y respetuoso, muy trabajador. Pero también una persona bromista a la cual le encantaban los niños. Tenía mucha paciencia con nosotras, sus dos hijas, y también con sus sobrinos. A sus nietos los ha querido con locura. Como era albañil, los vecinos solían pedirle pequeños arreglos para sus casas, que él siempre rehusaba cobrar. Aún hay personas que le comentan a mi madre el grato recuerdo que tienen de él, y le dicen: *«Es que Antonio era muy bueno»*.

Tanto mi padre como mi madre han sido personas muy entregadas a los demás. Cuidaron de los abuelos en casa y siempre estuvieron atentos y dispuestos a ayudar a sus propias familias. Sin embargo, con el tiempo se produjeron algunas situaciones injustas, especialmente por parte de un hermano de mi padre y su

224 · MORIR CON AMOR

esposa, que optaron por distanciarse de nosotros a pesar de que vivíamos en la misma calle.

Mi madre sufrió mucho esa situación, pero mi padre prefirió no tomar partido. No dejaba de ser su hermano y para él la familia era sagrada, así que ante los desaires que recibíamos solía callar y aguantar. Por aquel entonces yo pensaba que mi padre no tenía la suficiente valentía para encarar esa situación.

Y llegó la enfermedad. Siempre había sido un hombre muy sano, pero empezó a tener dificultades para andar. Soy enfermera y por la cabeza me pasaron diversas posibilidades sobre cuál podría ser la causa. Empezamos a hacer pruebas y todas se fueron descartando. Entonces empecé a sospechar que podía tratarse de una ELA (esclerosis lateral amiotrófica), algo mucho peor de lo que había pensado inicialmente.

Por suerte nos derivaron a una unidad específica de esa enfermedad, donde el acompañamiento fue excelente desde el principio hasta el final. Al acabar la primera visita entré de nuevo en el despacho. Estaba viviendo en silencio la terrible incertidumbre de la espera y necesitaba hablar a solas con el médico. Por fin alguien me confirmó el diagnóstico que tanto temía, pero sus palabras me consolaron. Me dijo: «*No vais a estar solos*».

En la siguiente cita informaron a mis padres de que se trataba de una enfermedad degenerativa que no tenía cura y para la cual aún no existía tratamiento. Asumieron la noticia con cierta tranquilidad, sin darle muchas vueltas, dejándose guiar confiados por el equipo que nos atendía. Yo, en cambio, sentía que se me había hundido el mundo, pues sin remedio ya anticipaba mentalmente la muerte de mi padre.

En esa época me angustiaba mucho que él no fuera plenamente consciente de lo que le pasaba. Creía que debían informarle de que iba a morir en pocos años para que disfrutara más de su tiempo de vida. Pero el médico especialista me explicó que cada persona necesita realizar el proceso de asimilación de la enfermedad a su propio ritmo, y que era preferible ofrecerle la información justa, según lo que necesitaba saber en cada momento.

A diferencia de otros enfermos, mi padre no solía hacer preguntas más allá de sus dificultades inmediatas, ni buscaba información por internet. Fue conociendo su dolencia a medida que la iba viviendo en su propio cuerpo. Ahora pienso que fue mejor así, pues tanto él como mi madre asumieron poco a poco, en pequeñas dosis, lo que implicaba sufrir la enfermedad de la ELA.

Mi hermana vive en Mallorca y para ella no fue fácil estar lejos de la familia en esa época. Viajaba a menudo para estar con nuestros padres y traía a sus hijos para que los pudieran ver. Decidimos pasar el verano todos juntos en una casita que tenemos en la montaña. Fue una experiencia muy bonita. Por aquel entonces mi padre todavía se encontraba bastante bien y le gustó muchísimo poder compartir esos días con sus nietos y con todos nosotros.

Siempre fue un abuelo muy cercano. Mientras estuvo bien pasaba temporadas junto con mi madre en Mallorca para ver a sus nietos y apoyar a mi hermana. Mis hijos han tenido la inmensa suerte de tenerlo cerca y ha sido un gran apoyo para ellos. Acompañaba a Guillem, mi hijo mayor, a sus entrenos de baloncesto, a la piscina... Hasta que la enfermedad lo fue limitando no solía perderse ningún evento de los niños. Mi hija Júlia es muy cariñosa y tenía once años cuando supimos el diagnóstico. Le encantaba hacer de cuidadora de su abuelo llevándole la medicación o un vaso de agua, sentándose a su lado... Eso la llenaba de satisfacción.

Mi padre era una persona muy reservada y pensaba que no aceptaría salir a la calle en silla de ruedas, pero desde el primer día sus nietos se mostraron curiosos, incluso se montaron en ella para probarla, y eso le ayudó a adaptarse a la novedad. Progresivamente todos fuimos asimilando los cambios que sufría Antonio, cómo iba perdiendo fuerza y energía, mientras que realizar cualquier cosa, incluso hablar, se volvía más y más difícil.

La última fase de la enfermedad sobrevino en 2020 durante la época del Covid-19, lo cual complicó todavía más la situación. Fue muy duro para mis padres estar tan aislados y recibir menos visitas, y mi madre tuvo que cargar con la mayor parte de los cuidados.

Hacía meses que Antonio necesitaba ventilación mecánica para respirar y en noviembre tuvimos una visita con el médico y la psicóloga de la unidad. Ese día le informaron de que tenía que tomar decisiones importantes. La enfermedad seguía progresando y era muy probable que en algún momento se precisara una traqueotomía para mantenerlo vivo. Le hablaron de los pros y contras de esa medida, así como de lo que implicaría. Fue entonces cuando se percató de que su vida se acababa.

Empezamos a verle más triste y cabizbajo. Cualquier cosa suponía un esfuerzo, aparecían nuevas complicaciones... Y empezó a decirnos que estaba cansado. Mi hermana tenía planificado venir desde Mallorca con su familia por Navidad y mi padre pidió que adelantara el viaje. Quería que estuviéramos las tres presentes en la visita con la psicóloga en casa. Fue entonces donde declaró que había decidido no dar su consentimiento para realizar una traqueotomía y que no tenía sentido para él seguir viviendo.

Yo me lo imaginaba, pues lo había hablado previamente con él. Ese día, a solas, lloré en los brazos de mi padre mientras me consolaba. Era muy triste saber que no quería continuar, pero comprendía que para él era la mejor opción y me sentía orgullosa de su coraje. Dado el estado avanzado de su enfermedad y al necesitar el respirador para vivir, podía acceder a una sedación paliativa si así lo demandaba. Y ese sería el final.

Todas estuvimos de acuerdo con su decisión, aunque para mi madre fue especialmente difícil. Interiormente dudaba de si su marido prefería marchar a fin de no suponer una carga para ella y para la familia. Pero él mismo le contestó que no quería alargar un proceso que en lugar de mejorar iría a peor. Con las manos levantadas y su rostro expresaba: «*Para qué, para qué...*».

Durante la enfermedad Antonio se dio cuenta de quién estaba a su lado y quién no. Sus dos hermanas, aun viviendo lejos, estuvieron pendientes de él. Y con su hermano Paco tuvo un acercamiento muy bonito. Compartieron la afición por el huerto mientras pudieron, después mi tío venía a hacerle compañía y siempre le traía las mejores fresas, las mejores naranjas... Se sintió muy querido por él.

Con su otro hermano no fue así, pues no apareció en los dos años y medio que duró la enfermedad. Y finalmente mi padre tomó una determinación. Un día nos dijo a mi madre y a mí que cuando falleciera no quería que su hermano acudiera al funeral. Lo expresó sin rencor, sin malestar. Sencillamente dijo basta y eso también le dio tranquilidad. Entonces me di cuenta de lo valiente que era mi padre. Creo que fue una manera de protegernos a nosotras.

Antonio pudo despedirse conscientemente. Estábamos toda la familia en casa: sus cuatro nietos, los dos yernos, su esposa y nosotras, sus hijas. Recuerdo perfectamente su mirada, observando cómo los chiquillos jugaban al pie de la cama. Y sonreía. Notabas que se sentía pleno, orgulloso de la familia que había creado.

Días antes yo había hablado con mis hijos para explicarles que su abuelo había tomado una decisión muy valiente y respetable. La enfermedad avanzaba sin remedio, no se iba a curar y el paso siguiente sería una intervención que podía conllevar todavía más complicaciones. Les dije que su abuelo prefería morir. Se sentía seguro y tranquilo con su decisión, y en todo momento estaría asistido por médicos y otros profesionales. Los dos rompieron a llorar. A mí se me partía el corazón, pero era importante que estuvieran al corriente de lo que iba a pasar. Cuando llegaron sus primos pequeños hicieron una piña con ellos; jugar y estar más distraídos les ayudó a sobrellevar esa situación tan penosa.

Se creó un clima muy especial en casa. Él estaba acostado en su habitación, pero continuamente entraba uno u otro para darle un beso, un abrazo, o preguntarle cómo se encontraba. Mi sobrino Xavier, de tres años, nos ayudaba a ponerle crema en las piernas, y los menores de la familia se sentían libres de estar ratos con él.

Mi padre nos dijo algunas palabras. Recalcó especialmente que estuviéramos siempre unidos y que teníamos que ser fuertes. Pero sobre todo se comunicaba a través de gestos. Con las manos señalaba a sus nietos, como diciendo que eran lo mejor que tenía. Cuando veía a mi madre llorar, él se abrazaba sus propios brazos, expresándole así su cariño, y después nos miraba a nosotras, haciéndole saber que no estaría sola.

Se inició la sedación de manera muy suave para que pudiera descansar, manteniendo su conciencia. El equipo que nos atendía dejó indicaciones para que fuéramos introduciendo la medicación a través de la vía, y recibimos sus visitas y su apoyo durante todo el proceso. Paulatinamente fuimos aumentando la dosis.

Era Nochebuena y mi sobrina cumplía ocho años. En ese momento él yacía tranquilo, dormido, pero igualmente nos acercábamos a su oído para explicarle lo que sucedía a su alrededor: «*Papá, estamos aquí al lado en el comedor, Martina va a soplar sus velas. Estamos todos contigo. No estás solo, te queremos*». Únicamente teníamos ganas de estar con él, pero por los niños hicimos una pequeña celebración y algunos regalos navideños. Sabíamos que mi padre lo hubiera preferido así.

Por la noche nos dedicamos plenamente a su cuidado. Con mucho respeto y mucho amor lo aseamos entre mi hermana y yo. Le pusimos aceite por todo el cuerpo, buscando que estuviera lo más confortable posible, aireamos su espalda… Junto a mi madre le acompañamos hasta el amanecer, haciendo turnos. Fueron horas intensas. Aunque soy enfermera, en ese momento estaba en mi papel de hija y a ratos me preguntaba si le habría pasado el efecto de la medicación. Sobre todo deseábamos que no sufriera. Hacia la madrugada me acerqué a tocarlo, y en ese momento tuvo un breve espasmo seguido de un suspiro, que le salió de muy adentro. Le quité el respirador, pues me di cuenta de que había fallecido.

Fue una Navidad triste pero a la vez bonita, de mucha unión, como él quería. Toda la familia estuvimos con él, y tuvo la fortuna de poder morir en su propia casa. No es fácil afrontar el final en el domicilio, pues la mayor parte de responsabilidad recae en los familiares, pero para nosotros fue una buena experiencia. Se cumplió lo que el equipo de la unidad de ELA me dijo al principio: no sufrirá y no estaréis solos.

Durante todo el proceso nos sentimos muy acompañados. Eso facilitó que viviéramos su muerte de manera muy natural, muy fluida, ofreciéndole todo el cuidado que sentíamos que se merecía.

ANA, HIJA DE ANTONIO

* * *

Mi abuelo para mí ha sido una persona muy especial. Siempre estaba a mi lado y me acompañaba a los partidos, a los entrenamientos y al colegio. Con él podía hablar de cualquier cosa que me preocupara, pues me entendía perfectamente. Estoy contento de haber vivido dieciséis años junto a él, aunque el vacío que ha dejado es muy grande.

Cuando mi madre me explicó la enfermedad que tenía mi abuelo fue un golpe emocional muy fuerte para mí. Recuerdo que tenía que ir a su casa a verlo y no sabía qué hacer, estaba desconcertado.

A mi hermana Júlia la informaron unos meses más tarde, pues ella es más pequeña y en ese momento mi abuelo todavía se encontraba bien.

Fue muy duro ver cómo iba dejando de hacer cosas. Al principio cocinaba mucho, pero tuvo que abandonarlo porque se cansaba. Dejó de venir a los partidos, que es donde yo más notaba su compañía. Al final ya no podía salir de casa ni apenas moverse. Es una enfermedad muy dolorosa, tanto para el enfermo como para la familia.

Pero yo veía que él lo afrontaba con fortaleza. Pienso que se guardaba su dolor dentro para no preocuparnos. Conmigo no hablaba de la enfermedad, como si no quisiera ser el centro de la conversación. Prefería que le comentara cómo me iban los partidos, mis estudios…

Un día mi madre nos comunicó que mi abuelo había decidido no continuar. Estábamos los cuatro, mis padres, mi hermana y yo. Fue un momento muy difícil. Yo me lo imaginaba, pues lo veía cada vez peor: le costaba respirar, casi no podía hablar…, era una tortura. Pero saber que mi abuelo iba a morir fue un *shock*. Tuve una mezcla de emociones. Por un lado sentía una gran tristeza, pero también admiración por su fuerza de voluntad para expresar su decisión ante la familia. Lo más duro fue cuando mi hermana rompió a llorar. Me dolió muchísimo.

Los días siguientes yo no quería salir de casa de mis abuelos. Sabía que eran sus últimos momentos y deseaba estar el mayor tiempo con él. Estábamos toda la familia acompañándolo y me daba cuenta de que vernos a todos juntos le daba mucha paz. Se notaba en su cara, en su expresión, en su sonrisa…

Personalmente no me quedó nada por decirle. Pensé en cómo me quería despedir de él antes de hacerlo. Primero le expresé mi amor y le dije que lo admiraba mucho, y después le agradecí todo el tiempo que había estado a mi lado, apoyándome desde pequeño. Le prometí que seguiría con el deporte y que estudiaría mucho. Recuerdo que le acaricié la mano y me abracé a él como pude, pues llevaba el respirador. Él me transmitió mucha fuerza.

El día de Navidad yo estaba durmiendo y de madrugada escuché llorar a mi abuela. Entonces supe que ya había muerto. Fue una sensación muy extraña.

Yo creo que si hay un después mi abuelo estará bien, aunque pienso que la muerte es un final. Lo importante es saber acompañar a esa persona y, si la quieres, tienes que respetar sus decisiones. Aunque provoque mucho dolor perder a alguien querido, es menos duro si puedes estar a su lado. No me puedo ni imaginar lo difícil que debe ser no poder despedirse.

Por eso pienso que es mejor no ocultar la verdad a los niños y a los adolescentes, ni apartarlos de lo que sucede. Es duro estar ahí, pero es peor no poder aprovechar los últimos momentos de una persona porque luego la echarás mucho de menos.

A alguien de mi edad que tenga un familiar enfermo le diría que sea él mismo, sin ponerse barreras. Yo llegué a llorar con mi abuelo en un momento en que estábamos a solas. Sobre todo animaría a ese chico o a esa chica a que expresara sus sentimientos y su amor por la persona que marcha.

Mi abuelo ha dejado una familia muy unida, nos queremos mucho. Ha hecho un gran trabajo educándonos muy bien a todos. Continuaré adelante con mi vida siguiendo los valores que aprendí de mi abuelo, haciendo lo que él me enseñó.

GUILLEM, NIETO DE ANTONIO

* * *

Desde el momento en que se conoce la existencia de una enfermedad mortal sin posibilidad de curación se inicia un duelo anticipado, que supone una respuesta emocional ante la futura pérdida. Esta conciencia de la inevitabilidad del final puede darse de manera distinta y en diferentes tiempos en el enfermo y en cada miembro de la familia.

Este duelo preparatorio acostumbra a ser más silencioso que el duelo posterior al fallecimiento. Lo explica el testimonio de Ana, la hija de Antonio, que al conocer el diagnóstico comienza a anticipar la muerte de su padre. Nos habla de lo difícil que fue para ella vivir interiormente esa desazón y a la vez ocultarla para respetar el proceso de asimilación de sus progenitores.

En ocasiones este duelo anticipado conlleva pensamientos o imágenes intrusivas que emergen de manera involuntaria. Algunas personas, aun sin desearlo, se imaginan cómo será el funeral o se preocupan por lo que vendrá después. Esta anticipación comporta una tensión emocional, así como posibles alteraciones del ánimo. El duelo puede afectar a todas las dimensiones de la persona: emocional, cognitiva, física y sensorial, conductual, social y espiritual.

La muerte por una enfermedad avanzada es un arma de doble filo: la pérdida no es tan abrupta, por lo que, suele ser menos traumática, pues generalmente hay un tiempo de preparación y de cierre. Pero el proceso de deterioro y saber que una persona querida o uno mismo morirá va acompañado ineludiblemente de sufrimiento.

Conocer esta realidad resulta tan angustiante para algunas personas que anula su capacidad para disfrutar del tiempo de vida o simplemente para poder distraerse. Hay familiares o amigos a quienes les impacta tanto la situación que evitan visitar al enfermo, encontrarse a solas con él o verlo en momentos delicados en los que se hace más patente su vulnerabilidad. Como, por ejemplo, cuando se desviste o precisa ayuda para alguna de sus necesidades básicas. Los cuidadores a veces tratan de desconectar de esas emociones y pensamientos que adelantan lo que pasará porque temen verse desbordados por ellos.

Por su parte, el enfermo debe lidiar con los miedos o la ansiedad ante su muerte cercana. Las sucesivas pérdidas que experimenta en el presente y las que anticipa en su futuro próximo pueden provocar que se sienta gravemente desmoralizado, sin encontrarle sentido a seguir viviendo. Son múltiples y singulares las vivencias que se pueden dar.

Este duelo anticipado constituye un proceso de adaptación, y es importante que se acompañe debidamente en el plano emocional tanto al enfermo como a los familiares. Todo lo que sea posible concienciar, verbalizar y asimilar durante la enfermedad resulta beneficioso, pues permite drenar y elaborar el sufrimiento. Ejercerá asimismo un efecto preventivo sobre posibles dificultades en momentos críticos del proceso y en el duelo posterior.

El final de la vida conlleva un sufrimiento inevitable, inherente a la propia existencia humana. Es muy duro ver sufrir a alguien y no ser capaz de eliminar ese dolor profundo del alma, que sin ser físico genera un gran malestar. Pero en lugar de intentar resolverlo se trata de acompañarlo. Es posible estar al lado de la persona, escucharla, sostenerla. El dolor compartido en una relación empática puede ser aliviado o incluso transmutado.

Y también puede aparecer un sufrimiento evitable. En ese caso será preciso que los sanitarios y el entorno lo detecten para iniciar acciones que ayuden a remediarlo.

Cicely Saunders, precursora de los cuidados paliativos y del movimiento Hospice en Gran Bretaña, acuñó en los años sesenta el término dolor total para referirse a la interacción de síntomas corporales, psicológicos, sociales y espirituales en la experiencia del sufrimiento. Observó que un dolor físico difícil de controlar podía tener causas emocionales, como la angustia, o sociales, como la preocupación por aspectos familiares, o quizás una sensación de sinsentido existencial. Y lo mismo sucedía a la inversa. Reivindicó de ese modo la importancia de atender los aspectos menos visibles del dolor a fin de ofrecer una atención holística.

Pero ¿a qué nos referimos cuando hablamos de sufrimiento? Sabemos que se trata de una experiencia universal, totalmente subjetiva y cambiante, pues puede variar en el tiempo. Lo que en un momento supone un padecimiento en otro puede vivirse de manera distinta si cambian las circunstancias o la percepción de lo que sucede.

Según un modelo explicativo elaborado por psicólogos españoles expertos en la atención paliativa, el ser humano sufre cuando acontece algo que percibe como una amenaza importante a su integridad y al mismo tiempo cree que carece de recursos para hacerle frente.

Por lo tanto, el sufrimiento disminuye si es posible acotar o reducir lo que resulta amenazante para la persona, si logra sentirse más capaz para afrontarlo o si aumenta su percepción de control de la situación. De ahí se deduce que es posible tener una actitud activa a fin de que la enfermedad y el morir se vivan de la mejor manera posible, aunque se trate siempre de una experiencia dolorosa. El propio enfermo, los seres queridos y los profesionales pueden colaborar para construir recursos internos (actitudes, autorregulación emocional) y externos (soporte relacional y sanitario, ayudas prácticas).

Al vivir una situación adversa tranquiliza enormemente saber que se dispondrá del apoyo y el acompañamiento necesario. Lo vemos en el testimonio de Ana cuando el médico de la unidad de ELA le dice: «*No vais a estar solos*». Pero es necesario que esas palabras se traduzcan en hechos a fin de que generen fiabilidad y confianza. Para los nietos de Antonio, hacer algo por su abuelo

—ayudarlo con las medicinas, acompañarlo, expresarle su cariño y su admiración— les permitió sentirse útiles en una situación que despierta mucha impotencia.

Por otro lado, Antonio tomó decisiones importantes: denegar su aprobación para una intervención invasiva —como supone una traqueotomía— y preferir morir y no prolongar el proceso. Así como poner un límite en la relación con su hermano, expresando que no deseaba que acudiera a su funeral. Tan importante resulta saber perdonar y sanar la relación con una persona cuando es posible, como tomar medidas para preservarse a uno mismo o a la propia familia. Ambas decisiones le ofrecieron cierto control sobre su proceso vital.

En la vivencia de la enfermedad puede aparecer el deseo de morir. Las pérdidas que se experimentan a todos los niveles pueden provocar que la persona tenga sentimientos difíciles como: «*ya no soy yo*» o «*mi vida así no tiene sentido*». Este deseo surge a veces en momentos de desesperación y supone una manera de expresar la rabia, la inquietud, el desánimo o el miedo ante la incertidumbre. Puede ser fluctuante o una especie de grito de dolor emocional que tras ser expresado encuentra consuelo.

Pero otras veces existe la clara intención de adelantar la muerte, y este deseo permanece. En realidad, no es tanto que la persona quiera morir como que no desea vivir en esas circunstancias. Bien porque le generan sufrimiento o porque hacen que su vida sea indigna según sus valores, con lo que la muerte se interpreta como la única salida. Entonces el enfermo puede denegar un tratamiento, como en el caso de Antonio, o pedir la retirada de medidas terapéuticas que prolongan la vida, por ejemplo, la alimentación o la respiración artificial.

En ese caso se realiza una sedación paliativa, que tiene como objetivo aliviar el sufrimiento reduciendo el nivel de conciencia. Se aplica en enfermos en situación terminal cuando existen uno o varios síntomas que generan malestar y no pueden controlarse de otra forma. La enfermedad seguirá su curso pero, al reducirse las constantes fisiológicas, la sedación puede acortar el tiempo de vida. Precisa el consentimiento del afectado o bien de sus familiares o de alguien que lo represente.

La persona también puede realizar una petición de eutanasia o de suicidio asistido, medidas recientemente aprobadas en España. Para que sea procedente se evalúa que la situación cumpla las condiciones necesarias. Una vez aceptada la petición, se administrará una medicación que provoca la muerte de manera inmediata.

El sufrimiento, como experiencia humana, también contiene una semilla de oportunidad. Nos dice Guillem, el nieto de Antonio, que, a pesar de resultarle muy duro, prefirió haber sido partícipe de la enfermedad de su abuelo para poder aprovechar la última etapa junto a él.

Conocer una realidad difícil, como ser informado de que una persona o uno mismo se encuentra al final de la vida, hace sufrir. Pero también origina un duelo anticipado que permite ser consciente de la situación y asimilarla. Esa conciencia puede ayudar a tomar ciertas decisiones, así como a prepararse internamente para el final. Puede ser con palabras, con gestos, o simplemente estando presente, pero la muerte anticipada conlleva esa posibilidad de tener una despedida. Son momentos especialmente significativos tanto para el que marcha como para los que quedan.

«Cuando las apariencias de esta vida se disuelvan, que yo pueda, con facilidad y gran felicidad, dejar de lado todos los apegos a esta vida, como un hijo o una hija que regresa a casa.»

DZIGAR KONGTRUL RINPOCHÉ

LISA

Un proceso de sanación

A Lisa me unía una profunda relación de amistad desde hacía años y durante su proceso de enfermedad me pidió que la acompañara también con terapia. Ambas utilizábamos la armonización energética, un método que permite equilibrar la energía de la persona a fin de que pueda sostener mejor los cambios vitales que le acontecen, a partir de activar la fuerza sanadora que reside en su interior. Compartíamos esos conocimientos y ese interés.

Del mismo modo que tenemos una anatomía física, también tenemos una anatomía energética que, aunque no es visible, puede ser reconocida y tratada. Este método se puede transmitir a cualquier persona, no es algo mágico ni misterioso, pero se necesita un aprendizaje específico para ello. Lo que sucede en el plano corporal, energético y sutil está íntimamente relacionado, y mediante este trabajo se favorece la conexión con esa parte más amplia y profunda de la persona.

Lisa era una mujer de ojos muy grandes y expresivos. Era originaria de Estados Unidos pero hacía muchos años que vivía en España, donde se había casado y tenía una hija y un hijo todavía jóvenes. Poseía una gran capacidad creativa, que mostraba en su profesión como psicóloga y terapeuta, pero también en los colores que utilizaba para vestir y en cualquier cosa que realizaba. Le gustaba ser detallista. Para mí era una persona muy inspiradora y con mucha sabiduría.

Alrededor de los 50 años le diagnosticaron un cáncer de ovarios. Tras la intervención quirúrgica para extirparle el tumor, Lisa decidió no seguir el tratamiento que le proponían desde la medicina convencional. Detectaron que la enfermedad se había extendido y no le podían ofrecer garantías de curación, así que asumió como un reto personal el deseo de conseguir curarse por otros medios. Su marido era médico y, aunque no compartía su elección, la respetaba.

Lisa se centró en su proceso interior, en procurar sanar aquello que le estaba señalando la enfermedad. Entendía todo lo que le pasaba como un posible aprendizaje, incluso las vivencias más difíciles, asumiendo que era lo que le tocaba experimentar. Siempre la vi esperanzada y muy conectada con la vida.

Inició su búsqueda particular de herramientas que la pudieran ayudar, algunas desde la medicina alopática. Sin embargo, se fue reafirmando cada vez más en el camino que había elegido, negando las demás posibilidades. Adoptó ciertas creencias acerca de lo que era bueno o malo para su proceso, y esa visión de algún modo la atrapaba. Yo sentía como si algo en su interior se endureciera, mientras perdía flexibilidad y alegría.

En el trabajo energético nos fuimos adentrando en diferentes capas, y se percibía que poco a poco Lisa iba deshaciendo ese reto y esa rigidez que se había impuesto a sí misma. Cuando logró quitarse ese peso de encima fue como volver a respirar hondamente, algo muy liberador para ella. Pudo darse cuenta de cómo la habían limitado sus propios juicios o formas de interpretar la realidad. Reconoció que para abrir una puerta no hacía falta cerrar otras y que la ayuda podía llegar por distintos caminos simultáneamente.

Creo que logró flexibilizar algo muy profundo en ella, que seguramente tenía raíces antiguas en su propia historia y en sus actitudes.

De nuevo vi cómo afloraban su calidez, su dulzura y una manera más amorosa de relacionarse consigo misma.

Cuando se produjo ese cambio me pidió que la acompañara a una visita en el hospital con una oncóloga. Durante ese año su estado había empeorado y ya tenía dificultades físicas, e incluso le costaba respirar. Recuerdo que la doctora fue muy clara con ella. Le explicó abiertamente que su enfermedad estaba muy avanzada, pero que podían intentar realizar un tratamiento de quimioterapia. En ningún momento Lisa se sintió cuestionada debido a sus decisiones previas. Todo lo contrario, se sintió acogida y escuchada. La doctora le transmitió mucha confianza, justo lo que necesitaba.

Para ella fue la constatación de que podía encontrar en la medicina convencional personas que entendieran su búsqueda y su manera de afrontar la enfermedad. Y eso fue muy reparador. Salimos del hospital contentísimas, no solo porque se abría la posibilidad de un tratamiento, sino porque ella estaba receptiva.

Al llegar a casa Lisa quiso explicarle a su marido todos los detalles de la visita. Desprendía una alegría contagiosa, estaba pletórica. Compartimos ese momento hablando los tres animosamente y nada hacía pensar que el final estaba tan cerca.

Dos días más tarde se despertó por la mañana y estuvo hablando con su hijo, que todavía vivía con ellos. En la casa también se encontraba una persona de confianza que los ayudaba con las tareas domésticas. Después del desayuno, Lisa les comentó que se volvía a la cama a meditar, como hacía a menudo. Al cabo de un rato, al ver que no se levantaba, su hijo entró en la habitación y descubrió que había fallecido.

Para él supuso un fuerte impacto emocional, pues fue algo totalmente inesperado. Pero encontró a su madre tumbada en la cama, serena, en paz, sin ninguna señal de sufrimiento.

242 • MORIR CON AMOR

Cuando me llamaron para comunicármelo la noticia me sorprendió, pero tuve la certeza interior de que era su momento y que estaba bien así. En realidad, muchos desearíamos irnos de esa manera, habiendo hecho las paces con la vida y con nosotros mismos y sin tener que pasar por un proceso de gran deterioro físico.

Creo, y Lisa también lo creía así, que al hablar de sanación no nos referimos únicamente a la curación del organismo. Lisa pudo vivir realmente una reconciliación en su interior y sanarse en profundidad, aunque su cuerpo estuviera ya muy débil a causa de su dolencia. Y pienso que probablemente eso contribuyó a que pudiera morir de una manera tan suave y tan fluida. Como si hubiera elegido hacerlo de esta forma, dejándose ir en calma, antes de que el sufrimiento fuera mayor.

Tras la muerte física, según como yo lo entiendo, comienza un proceso en el cual la energía se va retirando progresivamente del cuerpo. Es posible acompañar también ese momento para favorecer esa retirada y la elevación del alma de la persona a través de sus cuerpos sutiles. Cuando me conecté con la energía de Lisa la sentí en paz. Había una parte que le costaba, y era dejar a sus hijos para que hicieran su camino sin ella, pero todo estaba a punto para que pudiera partir.

La ceremonia se pospuso unos días, pues la familia prefirió esperar a que llegara su hija, que estaba de viaje en la India, y su hermano, que vivía en Nueva York. Decidieron celebrar el Día de Acción de Gracias en su honor, ya que era una fiesta que Lisa adoraba. Siempre le gustaba cocinar en esa fecha para los familiares y amigos, y compartir esa tradición que provenía de sus orígenes.

A pesar de ser una muerte inesperada, no se vivió como un drama ni con desgarro. En el ambiente se respiraba una sensación de naturalidad y de aceptación. Había tristeza y dolor, pero sobre todo se vivía una celebración de despedida desde la unión y el amor. Lisa estaba muy presente en todos nosotros.

Considero que mi amiga me hizo un gran regalo al permitirme estar a su lado y acompañarla en su proceso. Fue un gran aprendizaje para mí. Cada vez que la recuerdo siento que mi corazón se abre y me inunda un sentimiento de alegría y de agradecimiento. Ha dejado muchas cosas valiosas en mí. Pero eso no evita que la eche de menos. Me encantaría que estuviera aquí para seguir compartiendo momentos.

Lisa me mostró que tenemos una fuerza sanadora. Cuando pudo soltar esa parte menos flexible y abrirse a una mayor aceptación de sí misma conectó con lo que está en el centro: el amor. Pienso que todos tenemos una sabiduría interna que conoce mucho más y que se prepara para morir, aunque la personalidad no lo reconozca o esté en lucha. Si conseguimos conectar y dejarnos guiar por esta profundidad, cualquier paso de la vida, incluso la muerte, puede darse de manera más amorosa y en paz.

MERCÈ, AMIGA DE LISA

* * *

Lo que sucede después de morir es un misterio. Se diagnostica la muerte clínica cuando han cesado las funciones orgánicas, aunque las células y los órganos se deterioren a diferentes ritmos. Probablemente no exista un momento exacto de la muerte, sino que se trata más bien de un proceso. Desde las creencias budistas, por ejemplo, se afirma que ese proceso no concluye hasta que se ha producido no solo la disolución externa de los elementos —equiparable con la finitud del cuerpo físico—, sino también la disolución interna, que tiene relación con aspectos más sutiles.

El budismo ha estudiado con detalle el proceso de morir. Del mismo modo que en Occidente se ha desarrollado un enorme conocimiento científico elaborando métodos sofisticados para entender el mundo objetivo mediante un lenguaje universal, Oriente se dedicó durante milenios a explorar la conciencia y sus procesos internos. En la práctica, ambos conocimientos resultan sumamente útiles; de ahí la importancia de encontrar la manera de unir estas visiones complementarias, tal y como se está realizando en las últimas décadas.

El Premio Nobel de Física Niels Bohr afirmó: *«Creo que la división del mundo en objetivo y subjetivo es arbitraria. El hecho de que las religiones a lo largo del tiempo hayan hablado con imágenes, parábolas y paradojas solo significa que no hay otra forma de asir esas realidades a las que se refieren. Pero eso no significa que no se trate de una realidad genuina. Y dividir esta realidad en objetiva y subjetiva no nos llevará muy lejos».* Quizá ha llegado el momento, como enfatiza Alan Wallace, un maestro occidental de budismo tibetano autor de varios libros, de ampliar la visión científica con los estudios de la mente basados en métodos contemplativos.

La muerte se considera desde el budismo, así como en otras tradiciones espirituales, un momento de oportunidad. Al desvanecerse la mente ordinaria, que es la que depende de las funciones corporales, queda al descubierto nuestra naturaleza esencial, mucho más vasta y espaciosa. Utilizando imágenes alegóricas para acercarse a explicar lo inefable, la conciencia individual sería como el aire contenido en un jarrón de vidrio vacío. Cuando ese recipiente se rompe en pedazos, el espacio interior se funde en la inmensidad del espacio exterior y se convierte en uno.

La oportunidad reside en que en este momento surge lo que el budismo denomina luminosidad o clara luz, en la cual se manifiesta nuestra esencia con toda su pureza y amplitud. Se abre entonces un conocimiento ilimitado, como un cielo claro y despejado.

El lama tibetano Dozgchen Ponlop Rinpoché escribe: «*La muerte no significa únicamente llegar a un fin. También es un principio*». El intervalo que se produce entre un estado que ha cesado y otro que todavía no ha surgido se conoce como bardo. Según el budismo tibetano existe un periodo tras el fallecimiento en el cual disponer de guía o acompañamiento espiritual puede ser de ayuda, y para ello se realizan prácticas concretas.

Ciertas creencias espirituales también consideran que es posible favorecer el tránsito después de la muerte. Encontramos alusiones en gran parte de las civilizaciones antiguas, en las cuales símbolos como la barca se asociaban con la travesía hacia el otro mundo. Como en la antigua Grecia, donde Caronte —el barquero del reino subterráneo de Hades— era el encargado de guiar a las almas al otro lado del río para su descanso final.

Algunas personas parecen realizar una labor similar a la del barquero, acompañando en este viaje póstumo. Refieren experiencias en las que contactan con la energía o la esencia de la persona, ayudándole a asumir su nueva realidad y favoreciendo la elevación del alma hasta su encuentro con la luz. A veces esta conexión se produce de manera espontánea —en forma de sueños lúcidos, visiones o mensajes que se reciben— pero también puede ser buscada conscientemente.

Aunque Lisa murió sola, su familia y Mercè aseguran que falleció en paz. ¿Cómo pueden saberlo? Se trata por supuesto de una apreciación subjetiva, aunque basada en ciertos hechos y vivencias personales. Por un lado, los signos de serenidad que observaron en el cuerpo y en el rostro de Lisa y, por otro, el cambio de actitud y la alegría que experimentó durante los últimos días de vida. Para Mercè, su amiga terapeuta, fue especialmente revelador la apertura y la paz que sintió al conectar con la energía de Lisa.

Es posible que este testimonio plantee muchas preguntas y dudas, especialmente en quienes entienden de otra manera el morir. Pero ante el enigma que supone la muerte y lo que sucede tras ella, todas las vivencias pueden ser válidas desde la forma de sentir de cada uno.

Este relato también rompe con una idea muy común que rechaza o teme el morir sin compañía. Desde luego, la soledad no deseada supone un sufrimiento terrible para quien la experimenta, especialmente en situaciones de vulnerabilidad como estar enfermo o en los últimos días de vida. Pero la muerte es ante todo un proceso interno, propio, en el que uno está esencialmente consigo mismo. En ciertas culturas incluso se procuraba vivir este momento en soledad, quizá para reducir las interferencias del exterior o para que no fuera tan difícil alejarse de los seres queridos.

En el proceso de agonía se precisan cuidados, pues se trata de un estado de total dependencia. Ahora bien, cuando el desenlace acontece con rapidez y sin previo aviso como en el caso de Lisa esa atención no resulta tan necesaria. Por otro lado, las experiencias cercanas a la muerte indican que probablemente al morir se experimenta una expansión de la conciencia en que las fronteras se difuminan.

Quizá el acompañamiento pueda darse en diferentes momentos y a muchos niveles y no únicamente mediante la presencia física o en el instante en que la persona expira. Es probable que la oración o el pensamiento amoroso hacia quien partió suponga una ayuda en el tránsito que podría tener lugar después de morir.

Referentes de los cuidados paliativos, como los doctores Balfour Mount en Canadá y Michael Kearney en Estados Unidos, empezaron a hablar hace bastantes años de la sanación desde una concepción que iba más allá de la curación física. La definieron como un proceso que implica un movimiento hacia la experiencia de integridad y de plenitud.

La sanación supone restaurar un equilibrio para lograr una relación más armónica con uno mismo y con los demás, así como con lo significativo o lo sagrado según como cada uno lo entienda. Aunque es un proceso que puede ser facilitado en cierta medida por el acompañamiento que se recibe, toda persona posee una capacidad intrínseca para sanarse. En nuestro interior reside un impulso profundo hacia la plenitud y el equilibrio.

Sin embargo, sanar no siempre significa cumplir con las propias expectativas, como, por ejemplo, de curación física. Se trata más bien de una reconciliación interna en la que, según Mount y Kearney, se relaja la necesidad de control y acontece una apertura a la conciencia de nuestro estado esencial de conexión. Cuando se logra trascender el sufrimiento surge una manera diferente y más amplia de experimentar la realidad que se vive. La sanación, por lo tanto, no depende del bienestar físico y, de hecho, en ese sentido es posible morir sanado.

En un entorno científico y sanitario esta idea resulta revolucionaria y recupera una visión espiritual de la atención a los enfermos. En palabras del doctor Kearney y de su esposa Radhule Weininger, se trata de instaurar un cuidado del alma, ofrecido desde la propia profundidad y el autoconocimiento de los profesionales sanitarios, dado que solo si uno mismo está abierto a conectar con su interioridad puede favorecer esa conexión en la otra persona.

El cuidado del alma —que debe ofrecerse de manera integral con los cuidados físicos, emocionales y sociales— trata de activar el potencial sanador de la persona. No es algo nuevo, pues este enfoque ya estaba presente en culturas antiguas como la Grecia clásica, donde se extendió durante siglos el culto a Asclepios, el dios de la medicina y la curación, antecesor del romano Esculapio. En sus santuarios, habitualmente situados cerca de manantiales sagrados, como los de Epidauro o Pérgamo, los enfermos dormían en unas estancias tras beber y bañarse en sus aguas, esperando obtener indicaciones en sus sueños para sanarse. Luego era atendidos por los terapeutas, una palabra de origen griego que designaba a los servidores del templo encargados de cuidar de los enfermos.

Lo visible y lo invisible, lo consciente y lo inconsciente, están íntimamente relacionados. Este testimonio muestra que la sanación y el acompañamiento puede darse a muchos niveles. También desde el alma, nuestra esencia ilimitada que algunos aseguran que permanece tras la muerte.

«*Vivir con una enfermedad terminal es un proceso en el cual se va eliminando capa tras capa quién creíamos ser y comenzamos a vivir un sentido del yo más real, más esencial y, en consecuencia, más amplio.*»

KATHLEEN DOWLING SINGH

LLUÍS

Una noche mágica

Cuando mi marido ingresó en la UCI con una neumonía bilateral sus palabras fueron: «*Mercè, esto es el inicio del final*». Era diciembre de 2019, pocos meses antes de que estallara la pandemia mundial del Covid-19. Parecía un simple resfriado, pero tras dos días de fiebre alta decidimos ir a urgencias pensando que volveríamos a casa el mismo día.

Al principio nos informaron de que se trataba de una situación grave pero que su vida no corría peligro. Sin embargo, cuando fui a visitarlo al día siguiente el médico me estaba esperando en la puerta para avisarme de que lo habían tenido que intubar y que estaba sedado. A partir de ahí empezó un largo periplo en el que Lluís estuvo dos veces a punto de morir debido a diversas complicaciones. Una vez estabilizado intentaron despertarlo sin éxito del coma inducido, hasta que por fin, a la tercera tentativa, lo lograron.

Consiguió salir del hospital dos meses y medio más tarde. Había perdido mucho peso, cuando ya de por sí era una persona delgada, y necesitaba oxígeno las 24 horas. Pocas semanas después decretaron el confinamiento y todas las visitas que teníamos en el hospital se anularon. Finalmente, en el mes de junio le realizaron un TAC. Fue entonces cuando nos comunicaron que, además de la fibrosis, había dos manchas sospechosas de ser cáncer en los pulmones.

Desde el principio tuvimos claro que apostábamos más por la calidad de vida que por la cantidad. Veinte años atrás habíamos perdido a nuestro hijo Ignasi en un fatídico accidente de tráfico cuando tenía tan solo 15 años. Así que la muerte era algo familiar para nosotros, habíamos hablado ampliamente sobre ella e incluso hacía bastante tiempo que habíamos realizado el testamento vital.

Tras la muerte de un hijo piensas que no es tan horrible morir, pues si él ha pasado por ese trance tú también puedes. Y tampoco queríamos dejarle la responsabilidad de decidir a nuestro hijo Jaume. Teníamos muy interiorizado que la vida es imprevisible y que es importante dejar las propias voluntades escritas y todo bien atado.

Debido al estado de los pulmones de Lluís resultaba peligroso realizar una biopsia y tampoco era viable un trasplante. Optamos por no gastar el tiempo de vida con tratamientos de quimioterapia que probablemente su cuerpo no hubiera aguantado y dedicarlo a ordenar sus cosas y a disfrutar de lo que fuera posible.

Lluís aceptó de entrada su situación, aunque por supuesto tuvo momentos de tristeza o de lamentarse por no volver a ver a ciertas personas o a visitar su querida Menorca. A un gran amigo suyo le comentó: «*Cuando murió Ignasi aprendimos a apreciar más la vida, el día a día, las cosas pequeñas. Pero ahora que se ha acortado mi tiempo, disfruto de cada momento y siento una inmensa alegría. Cada vez más, quizá porque me queda poco*».

Yo pienso que nos regalaron un año. Las cosas hubieran sido muy diferentes si hubiera muerto en la UCI, pues para Jaume y para mí habría sido de nuevo una pérdida abrupta para la que no estábamos preparados. Agradezco mucho que tuviera la oportunidad de quedarse un tiempo más. Creo que fue por amor, por nosotros, y le permitió cerrar mejor su vida.

De hecho, el accidente que sucedió veinte años atrás, en el que íbamos con nuestros dos hijos en el coche y una de las hermanas de Lluís, fue un choque frontal que impactó en el lado del conductor. A mi marido lo sacaron del vehículo serrando la carrocería y quedó muy malherido. En esa ocasión también estuvo a punto de morir, pero según él no me podía dejar en esas circunstancias.

Recuerdo que dos años después de la pérdida de Ignasi le confesé a Lluís que uno de mis mayores miedos era perderlo también a él. Yo estaba haciendo la cena en la cocina y, al escucharme, me sujetó con firmeza y mirándome a los ojos me dijo: *«Mercè, yo te protegeré siempre, incluso cuando haya muerto. Siempre estaré unido a ti».* Sus palabras me aliviaron enormemente en ese momento y ahora son un consuelo en mi dolor.

¿Qué le ayudó a aceptar su propio final? Lluís era muy amoroso, muy bondadoso, y era de ese tipo de personas capaces de asumir las cosas difíciles que les suceden. Ya de adolescente se había topado con la muerte, cuando en una salida con su grupo de excursionismo hubo un cambio meteorológico drástico y tuvieron que pasar la noche al raso, con temperaturas bajo cero y sujetados a la pendiente nevada con un piolet. Tres de sus compañeros fallecieron. Él consiguió sobrevivir pensando durante toda la noche que no podía morir, pues eso produciría un sufrimiento devastador a su familia.

Por otro lado, el duelo de nuestro hijo fue todo un proceso de depuración y de transformación. Trabajó sus heridas emocionales y sus miedos más profundos. Yo suelo decir que de un duelo se puede salir siendo mejor persona —aunque no siempre es así— porque te obliga a mirar tus estancias oscuras, a limpiarlas e iluminarlas.

A Lluís le gustaba decir que tras la pérdida de Ignasi había salido del armario, pero del de las emociones. Aprendió a ser mucho más expresivo, era de los que dan abrazos sentidos y tanto a hombres como a mujeres a menudo les mostraba su afecto soltándoles: «*¡Cómo te quiero! Cásate conmigo*».

Cuando sobrevino su enfermedad hacía tiempo que ya no vivía con el piloto automático, por decirlo de alguna manera. Sus experiencias previas habían generado en él una escala de valores distinta, de una forma totalmente práctica, nada teórica. Las creencias y las ideas no sirven mucho cuando pierdes a alguien muy querido, solo te sostiene el amor que eres capaz de sacar de ti mismo. La muerte de Ignasi le ayudó a preparar su propia muerte, y a mí para poderlo acompañar.

Siento que Lluís murió sano, totalmente sano. Su cuerpo estaba enfermo pero su alma brillaba mucho. Estaba muy conectado con la vida, con el placer. Mi prioridad fue que viviera lo mejor posible hasta el último día. Para ello elaboraba comidas exquisitas acompañadas de un buen vino, y era tan agradecido... Ya no podíamos tener relaciones como antes, pero buscábamos la intimidad de otra manera, pues esa conexión nos había ayudado anteriormente a salir del dolor. Y mantenía su humor, sus bromas.

La única condición que puso en su enfermedad fue que no quería sufrir, y en eso nos ayudaron los profesionales de cuidados paliativos. Por suerte, nuestro hijo Jaume estuvo en un ERTE durante meses y pudieron pasar mucho tiempo juntos. Fue una bendición. Bromeábamos con la idea de que venía a hacer de canguro de su padre, pues no queríamos dejarlo solo por si sufría un ahogo. Así que pudo estar físicamente muy cerca, incluso acompañándolo al lavabo, viendo su deterioro progresivo, y creo que eso hizo mucho bien a Jaume.

Lluís era un fotógrafo de renombre especializado en arquitectura, y a menudo hablaba con Jaume sobre cómo estaba organizando el archivo de fotografías de toda su historia profesional. Lo quiso dejar como legado al Colegio de Arquitectos, y fue una de las cosas que pudo hacer y que le dio mucha satisfacción. En ese tiempo también se transmitieron cosas importantes entre padre e hijo, más allá de las palabras. Jaume había sufrido nuestra ausencia emocional después de la muerte de su hermano —es algo irremediable cuando padeces tanto—, pero en este momento mi marido estaba muy presente, vivamente presente.

Es curioso porque las personas que venían a verlo a casa salían mejor de lo que habían entrado. Estaba sereno e irradiaba luz. Pienso que el amor te conecta mucho con tu parte divina, y Lluís estaba muy abierto emocionalmente y transmitía esa energía.

Yo a veces pensaba: «*A ver si podrá sostener esta aceptación hasta el final*», pues solo si es real esta no se desmonta. Y así fue. Un domingo tuvo una crisis de ahogo muy importante sin realizar ningún tipo de esfuerzo. Eso me sorprendió. El médico de paliativos de guardia vino a casa y le puso un dispositivo para introducir la medicación por vía intravenosa por si era necesario. En la puerta, al salir, me dijo: «*Si se trata de una embolia pulmonar el proceso puede ser rápido*».

Esa advertencia me ayudó muchísimo. Dos días más tarde, después de una cena tranquila, tuvo de nuevo un ahogo repentino, muy intenso, del que no remontó. Enseguida llamé al equipo domiciliario y el enfermero me anunció que podía tratarse del final. Avisé a su hermana Teresa que es médico paliativista y a nuestro hijo Jaume para que vinieran a casa. La indicación era introducirle morfina y sedante para que no sufriera.

Lluís enseguida se quedó inconsciente, tumbado en la cama. Y en esa habitación, donde estaba muriendo mi marido, lo único que reinaba era el amor. Fue una noche mágica. Estábamos a su lado nuestro hijo, Teresa y yo, acariciándolo y diciéndole: «*Lluís, tranquilo, puedes irte tranquilo*». Eso hubiera sido impensable unos meses antes: cuando en la UCI nos dijeron que probablemente le quedaban horas de vida, nos desesperamos, y Jaume salió a dar patadas de rabia a un contenedor. En cambio, ahora todos aceptábamos la situación.

Es muy difícil explicarlo con palabras, pero durante esas horas no hubo sufrimiento en nosotros, los familiares. Era como estar en otra frecuencia. Acompañábamos a ese ser que amábamos tanto y allí no éramos ni esposa, ni hijo, ni hermana… Lo importante era lo que estaba sucediendo, el último paso de Lluís.

En los momentos trascendentales siempre me he sentido acompañada, guiada por los de arriba. He sentido como un aumento de poder, de algo que va más allá de mí misma. En esas circunstancias se pone toda la carne en el asador y puedes sostener con una fortaleza que te sorprende. Por supuesto, eso no dura siempre, no se mantiene, pero son momentos en los que estás conectado a otro nivel.

Esa noche también constaté la altura emocional y espiritual de Jaume. Siendo un adolescente había sufrido la pérdida de su hermano mayor y ahora, con 35 años, perdía a su padre, con quien estaba muy unido. Podría haberse desmoronado o sentirse incapaz, pero no. Allí pude ver su alma y no tanto a mi hijo. Descubrí la potencia de su ser. Me siento muy orgullosa de él.

Avanzada la noche, Teresa me aconsejó que descansara un poco, pues el proceso se podía alargar. Tanto ella como yo nos echamos en los sofás del comedor y Jaume se quedó acompañando a su padre. Al cabo de media hora nos despertó alertándonos de que Lluís estaba muy bajo de oxígeno y con las pulsaciones muy altas. Volvimos de nuevo al lado de la cama y vimos cómo poco a poco se iban dilatando sus respiraciones. En la habitación se generó una esfera de amor increíble. Lluís inspiraba cada vez de manera más tenue, cada vez de forma más espaciada…, hasta que dejó de respirar.

Tardamos unas cinco horas en comunicar su fallecimiento al forense. Preferimos disponer de un tiempo, pensando tanto en él como en nosotros, para poder concluir bien el proceso. A la familia la avisamos por la mañana, pues pensamos que no hacía falta despertarlos antes de la madrugada. Y entonces pudieron venir todos sus hermanos a despedirse. Son ocho en total, siempre se han querido mucho y forman una piña.

Lo más difícil para mí fue cuando los trabajadores de la funeraria se llevaron el cuerpo. Allí se rompió esa atmósfera mágica. Quizá hubiera sido mejor no estar presente, como me indicaron, pero quería darle fuerza a Lluís en ese momento complicado.

Han pasado dos meses de la partida de mi marido y el otro día mi nieto Genís, que tiene 7 años, me decía: «*¿Sabes que ya me estoy acostumbrando a que el abuelo no esté aquí?*». Creo que me lo dice para que yo no esté triste. También me comenta que no me ve tan simpática como antes. Claro, nota que no estoy emocionalmente al cien por cien por él. Y entonces le explico que es porque echo de menos a Lluís, pero que poco a poco estaré mejor.

¡Cuánto duele la muerte! Sé que ahora me toca hacer mi proceso. Es un duelo muy diferente al de Ignasi, pues ya no tengo miedo a enloquecer, no vivo ese *shock* tan horrible, pero es un camino desconocido que todavía tengo que explorar.

Jaume dice que somos como los Beatles. Siempre serán cuatro, aunque falten dos. Y a mí me gusta explicar que como familia, a pesar de vivir grandes desgracias, estamos protegidos. En la muerte de Ignasi hubo muchas confluencias que fueron una ayuda, y ahora hemos tenido la fortuna de que Lluís viviera un año más para poder dejar su legado y despedirlo en paz.

Me encuentro con un nuevo reto: aprender a vivir sola. He perdido a mi compañero de vida, mi gran amor, con quien he compartido 48 años. Ha sido una persona tan fácil de amar para mí, y me he sentido tan amada... Cuando Lluís entraba en casa era como ¡ah!, una alegría. Y si por casualidad nos encontrábamos por la calle los dos saltábamos de júbilo.

Él me enseñó a admirar la belleza. A través de sus fotografías, de su pintura, mostraba con una gran sensibilidad todo lo bello que está presente en las pequeñas cosas. Se pasó la vida buscando y captando las sutilezas de la luz con su cámara, así que confío en que habrá tenido una culminación luminosa.

Mercè, esposa de Lluís

Escrito de Lluís como pie de una de sus fotos
más emblemáticas:

«Un instante antes de hacer esta foto descubrí con una satisfacción indescriptible que el sujeto que iba a fotografiar solo era la luz. Se trataba de describir cómo esta da forma a todos los objetos. Emocionante. Nada sería como antes.»

* * *

Las personas pueden vivir experiencias trascendentes en el proceso de morir, independientemente de si tienen o no algún tipo de creencia o práctica espiritual. Es lo que observó Kathleen Dowling Singh, una psicóloga norteamericana escritora de varios libros que durante décadas trabajó en un Hospice de Florida. Según esta autora, se genera una conciencia distinta en la cercanía de la muerte, que entre otros estados puede incluir sentimientos de conexión y de paz.

Partiendo de la psicología transpersonal y de diversas tradiciones espirituales, entre ellas el budismo, cartografió un mapa del último tránsito en tres etapas. Además de los cambios físicos que se perciben en el filo entre la vida y la muerte, se da una transformación psicoespiritual, que puede iniciarse durante el proceso de enfermedad.

Para Dowling Singh existe una primera etapa que llama Caos, y que engloba las fases descritas anteriormente por Elisabeth Kübler-Ross —negación, ira, depresión, negociación y aceptación—. Está caracterizada por la turbulencia emocional y el miedo a perder aquello que creemos ser, es decir, nuestra individualidad. Debido a las pérdidas que supone estar gravemente enfermo se suele vivir un proceso psicológico de sufrimiento y de luchas internas, que en ocasiones culmina en una aceptación cognitiva, cuando la persona asume su muerte cercana.

Conforme el ego va perdiendo las identificaciones que lo sostenían puede acontecer otra fase de transformación, que la autora denomina Rendición o Entrega (*Surrender* en inglés). Al difuminarse el sentido del yo habitual, la conciencia de la persona se amplía y puede abrirse a experiencias de carácter transpersonal. Dowling Singh explica que en esta etapa suelen aumentar las intuiciones, los sueños significativos o las visiones. Pueden ser vivencias intensas, algunas placenteras e inspiradoras y otras desagradables, con ansiedad y desesperación, que cuando se resuelven acostumbran a dar paso a la calma y el sosiego.

Paulatinamente se conecta con aspectos más esenciales del propio ser, que emerge con cualidades como la capacidad de ser testigo u observador de lo que sucede sin enjuiciar, una sensación de armonía y de presencia, o sentimientos de gratitud y de perdón. La aceptación se convierte en este momento en una experiencia más profunda, en un hondo soltar. Esta entrega supone una actitud interna de abrir los brazos abandonando la necesidad de control, simplemente dejando que sea lo que tiene que ser.

Es entonces cuando deviene la siguiente fase: la Trascendencia. Se afloja toda la tensión, el cuerpo se relaja completamente y el rostro refleja serenidad. Ese estado habitualmente se presenta en los últimos días u horas de vida, cuando el enfermo apenas tiene capacidad para hablar. Si puede decir algunas palabras refiere vivencias de bienestar, de gozo, de sentirse seguro y en paz. Según Dowling Singh en este momento el ser se integra en el espíritu, en la realidad trascendente que está más allá de uno mismo, y puede haber percepciones de luz, de presencias espirituales o de un amor indescriptible.

Afirma Dowling Singh que estas vivencias son equiparables a las experiencias místicas de gracia divina, en las que se vive una unidad con el Todo o con Dios. Aunque para los acompañantes suele resultar inaccesible lo que siente la persona que está muriendo, ciertos signos y especialmente la atmósfera que se genera en la habitación pueden resultar reveladores. Es un momento para estar abiertos y receptivos.

Estas etapas pueden producirse de manera gradual o acontecer en los últimos instantes. En algunas personas el estado de trascendencia aparece con anterioridad y pueden llegar a describirlo, o bien ser perceptible para los que están presentes. Otras veces puede haber resistencia y lucha hasta el suspiro final, o la apertura se produce internamente sin que sea posible apreciarla desde afuera. Aunque se trata de un itinerario estudiado en enfermos que viven un proceso de agonía, es posible que en las muertes repentinas también exista algún tipo de experiencia de ese tipo, pero sin la preparación previa.

En el testimonio de Lluís vemos que el duelo por la pérdida de su hijo, así como otras experiencias vitales y su personalidad, favorecieron que la primera fase de Caos aconteciera de una forma muy fluida, con escaso sufrimiento. El estado de aceptación se dio naturalmente en el proceso de enfermedad.

Lluís estaba entregado a lo que sucedía, sin rebelarse, y a la vez disfrutaba de cada bocado de vida. Esto solo es posible cuando se consigue trascender el sufrimiento. Al asumir lo inevitable, de manera real y profunda, se logra ir más allá del dolor sin quedarse atrapado en él.

Hay situaciones en la vida que no pueden ser resueltas, solo pueden ser trascendidas. El duelo o la muerte, por ejemplo, no suponen un problema que debe resolverse, sino un proceso que hay que vivir y que puede dar lugar a una transformación. El sufrimiento entonces puede mutar y convertirse en algo diferente.

Este modelo de adaptación a la muerte en tres etapas guarda similitudes con el formulado por la psicóloga, teóloga y musicoterapeuta Mónica Renz. Esta autora realiza investigaciones en el ámbito clínico sobre la percepción que tienen las personas en el umbral de la muerte. Refiere que morir no parece ser un proceso lineal —puesto que pueden haber idas y venidas entre las fases— y detalla tres estados diferenciados.

Lo que califica de Pre-transición está definido por las necesidades físicas, emocionales y sociales del enfermo. A veces en el proceso de morir se pueden reactivar antiguas emociones o traumas, surgir problemas familiares o vivir con miedo o ansiedad los cambios que acontecen. Conforme la persona puede resolver su malestar y sus preocupaciones o encontrar nuevos significados, eso le ayuda a avanzar en su proceso y a no quedar anclada en el sufrimiento.

Le sigue la etapa de Transición que suele ocurrir en horas, no en días, y sería comparable a las fases del nacimiento. Implica perder la conciencia del ego, y puede expresarse a través de signos físicos de ansiedad y de lucha (inquietud, agitación, sudoración, mirada fija) o de manera simbólica (imágenes de escenarios de batalla o apocalípticos, la sensación de atravesar túneles, de caer o de estar atrapado…). Algunas personas refieren que tras esta vivencia sienten que algo ha cambiado en ellas, como si hubieran atravesado una puerta angosta que las conduce a una nueva realidad.

Según Mónica Renz en la Post-transición el ego deja de dominar y se produce una apertura espiritual. Los enfermos parecen estar serenos, más allá de la ansiedad, el dolor o la impotencia. La mayoría no pueden hablar pero mantienen la capacidad para escuchar. Pueden pronunciar palabras sueltas o realizar gestos. A veces se dan experiencias semejantes a un despertar espiritual, con vivencias de reconciliación y de paz. La persona se encuentra más allá de sus necesidades.

Estos modelos nos ayudan a entender el proceso de morir como una transición, en la que se producen transformaciones que van desde lo personal (dimensión psicológica) a lo transpersonal (dimensión espiritual). De hecho, la muerte supone la disolución de la individualidad. Para algunos eso significa el final de todo, mientras que para otros supone conectar con el espíritu, el alma o esa parte inmaterial que nos une a la totalidad o a lo divino.

Diversas religiones recalcan la importancia de conectar en vida con esta realidad trascendente, con esa esencia que ya somos pero que no siempre logramos reconocer. Lo entienden como una manera de familiarizarse con lo que nos encontraremos en el momento de morir. Si uno ha logrado morar en su profundidad, aunque sea por unos instantes, esa experiencia de algún modo lo podrá guiar y sostener. Supone una preparación para ese tránsito decisivo, pero a la vez contiene la clave para lograr una vida más plena.

Por eso la mística y otras tradiciones que exploran el estado de la no-dualidad hablan de la muerte del yo. No es otra cosa que reconocer los propios esquemas mentales y emocionales, así como desprenderse de aspectos de la personalidad que aprisionan la amplitud del ser. Supone aprender a no identificarse únicamente con la realidad relativa que experimentamos en el momento actual y descubrir ese yo más profundo que permanece. Según escribió Willigis Jager, un monje benedictino alemán que concilió cristianismo y budismo zen: «*Hay una cosa que todos los caminos proclaman: el sendero hacia la experiencia de unidad y el amor es un camino de abandono, un morir para vivir realmente*».

El trabajo personal y espiritual, por lo tanto, es algo cotidiano y tangible. Implica conocerse a uno mismo, hacer conscientes las propias tendencias y heridas emocionales para suavizarlas o sanarlas. Esa es la vía purificativa inicial que propone la mística cristiana, y que en nuestros tiempos se traduce en limpiar y transparentar nuestra personalidad a través de la luz de la conciencia. La vía iluminativa consiste en abandonarse completamente a la voluntad de lo que está más allá de uno mismo, dejándose alumbrar. Y, por último, en la vía unitiva se experimenta la unidad con la realidad última, que para los modelos de Dowling-Singh y Renz serían la Trascendencia y la Post-transición.

La muerte supondría así, un camino ineludible hacia el ser. En la medida en que se haya experimentado previamente ese encuentro es probable que se facilite la transición final.

El testimonio de Lluís nos enseña que es posible estar muy enfermo y a la vez muy sano. El cuerpo puede estar devastado y cansado mientras se tiene una vivencia interna de plenitud. Sucede cuando la persona está conectada con su esencia, que se mantiene íntegra y saludable pese a la enfermedad. Y se puede relajar en esa sensación amorosa de apertura y alegría.

«¿*Qué sentido tiene la vida?* *Eso era todo: una sencilla pregunta; que con los años tendía a hacerse más acuciante. Nunca se había producido la gran revelación. La gran revelación quizá no llegaría nunca. En su lugar estaban los pequeños milagros cotidianos, las iluminaciones, cerillas que de repente iluminaban la oscuridad; y aquí había una.*»

VIRGINIA WOOLF

JOAN

Un propósito de vida realizado

Conocí a Joan cuando ella tenía 62 años. Esta mujer inglesa, menuda y con una cara afable y sonriente, empezó una nueva vida a esa edad. Por aquel entonces su pelo era completamente blanco y andaba con una visible cojera a causa de una dolencia sufrida en la infancia. Pero esa apariencia frágil escondía una fortaleza y una determinación impresionantes.

Ahora que me aproximo a la edad que tenía Joan al conocernos me doy cuenta, todavía más si cabe, del extraordinario impulso que la llevó a iniciar un gran proyecto. En un momento vital en que se suele dejar de trabajar se embarcó en la creación de un centro para cuidar a las personas al final de su vida. Casi treinta años después Cudeca sigue creciendo y fue el primer Hospice de España. Junto a otras personas he tenido el privilegio de acompañar a Joan en esta maravillosa aventura.

Joan nació en Irlanda y fue la octava de nueve hermanos. Pasó muchas penurias en su infancia, entre ellas padecer a los dos años una tuberculosis ósea que la mantuvo durante largos meses ingresada en el hospital. En aquella época esas lesiones se curaban con lechos de escayola hechos a medida, donde la persona permanecía inmóvil. Pienso que ahí empezó a forjar su carácter y su fortaleza interior.

Tras la Segunda Guerra Mundial su familia se trasladó a Liverpool. Joan siempre contaba que su madre había visto algo especial en ella, pues se empeñó en que tomara clases particulares, dado que no había tenido la oportunidad de ir a la escuela debido a su enfermedad y a la guerra. Sin embargo, cuando Joan tenía 16 años su madre falleció y tuvo que ponerse a trabajar.

Empezó en un pequeño negocio familiar sirviendo té y realizando las tareas más simples, pero a medida que la empresa crecía aumentaron sus responsabilidades y acabó llevando la contabilidad. A pesar de no tener estudios, decidió dar un salto a nivel laboral, pues sentía que ese puesto se le quedaba pequeño, y terminó siendo directora de recursos humanos en una gran compañía multinacional con miles de empleados. En aquella época fue una de las pocas mujeres con un cargo tan relevante.

Cuando se jubiló su marido, que era mayor que ella, decidieron retirarse a vivir a España. Al cabo de un tiempo de instalarse en la Costa del Sol, Fred enfermó gravemente y ahí se unieron nuestros caminos.

Joan solía explicar que vivieron situaciones dramáticas. Un médico inglés les informó de manera aséptica y directa de que su marido tenía un tumor cerebral inoperable, con un pronóstico de vida corto. Tras recibir esa noticia subieron al coche sumidos en silencio y en la autovía Fred abrió de golpe la puerta con la intención de arrojarse. Joan lo sujetó como pudo y estuvieron parados en la cuneta hasta que logró tranquilizarlo.

También fueron muy duros los días que su marido estuvo ingresado en una habitación de hospital repleta de familiares y con tres pacientes más. Estaban totalmente angustiados, sin entender apenas el español. Una vecina enfermera les indicó entonces que visitaran la unidad de cuidados paliativos que había sido creada recientemente en Málaga, donde yo trabajaba como médico.

A Joan le gustaba decir que allí experimentaron un cambio dramático, en este caso para bien. Los recibió una enfermera sueca rubia y de ojos azules que se dirigió a Fred en inglés. Le dijo amablemente que estaban allí para cuidarlo y Fred miró a su esposa con cara de asombro, preguntándole si se encontraba ya en el cielo.

Al cabo de poco más de una semana Fred falleció en nuestra unidad. En Inglaterra existe la costumbre de realizar donativos en lugar de enviar flores al funeral, y los familiares los emplean posteriormente para el bien de la comunidad. Así que un día vino a verme Joan con una sustanciosa suma de dinero. Quería mejorar las habitaciones de los enfermos, pero la única manera de materializarlo era comprar directamente cosas útiles para la unidad. Ella solía bromear comentando que su idea era simplemente ofrecer un donativo y quitarse ese tema de encima, pero que la mandé a buscar cortinas.

Yo nací y me crie hasta los doce años en Inglaterra, aunque mis padres eran españoles. Parte de mi formación como médico geriatra la realicé en algunos Hospice de mi país natal. Se trata de lugares acogedores preparados para atender a personas enfermas. Disponen de la calidad técnica y asistencial de un hospital pero en un entorno cálido más semejante a un hogar. Estos centros se sustentan en gran parte gracias a la comunidad, que ofrece ayuda económica y también práctica a través de labores de voluntariado.

Joan conocía cómo funcionaban estos centros en Inglaterra y vio las carencias en nuestro sistema sanitario en la década de los noventa: había zonas sin atención domiciliaria y las unidades de cuidados paliativos eran escasas. Por su experiencia personal comprendió la importancia de ser atendidos en una unidad donde los profesionales estaban formados para atender la enfermedad avanzada y el final de la vida. Cuando le mostramos a Joan las habitaciones con las colchas y las cortinas confeccionadas con su donativo, observé una decepción en su rostro. «*No es lo que me imaginaba*», me dijo. Y yo le contesté: «*Tú estás pensando en un Hospice, un centro construido a propósito para el cuidado de los enfermos, pero esto aquí no es posible*».

Se marchó pensativa, y al día siguiente volvió para decirme que estaba decidida a crear un Hospice. Aunque intenté explicarle que en España el modelo de atención era diferente y que no existía tanta cultura de voluntariado como en Inglaterra, no conseguí disuadirla. «*La gente aquí es muy solidaria* —dijo—, *tenemos que hacer un proyecto serio, publicitarlo y, cuando las personas lo hagan suyo, se comprometerán y nos ayudarán*».

Joan era una mujer muy vitalista, una líder nata, con una gran capacidad para proponerse objetivos y no desfallecer. Cuando inició el proyecto se acababa de quedar viuda, no tenía recursos económicos, no conocía bien el idioma, no tenía un círculo de amigos… Pero de la nada consiguió juntar y motivar a un grupo de personas. El primer evento fue una cena benéfica en la cual nos hizo firmar a los asistentes nuestro compromiso para acompañarla.

Ese era el estilo de Joan: formalizaba cada paso con cierto protocolo y solemnidad. Yo aprendí eso de ella. Las palabras se las lleva el viento, en cambio, una firma te involucra y te invita a reflexionar previamente. En cada acto al que Joan asistía realizaba un discurso para agradecer el esfuerzo y la implicación tanto de las entidades como de la sociedad. Incluso en su última fiesta, cuando cumplió 92 años, dirigió unas bonitas palabras al equipo para darles las gracias por hacer posible Cudeca.

Los inicios para mí fueron muy ilusionantes. Mi marido me apoyó en cuanto le conté la propuesta. Ha sido un proyecto familiar. Durante estas tres décadas han nacido y crecido nuestros dos hijos, y considero el Hospice como un hijo más. Ha conllevado muchas renuncias familiares pero ha valido la pena.

Empezamos realizando atención domiciliaria como voluntarios. Varios profesionales dedicábamos nuestras tardes libres a visitar a personas enfermas que contactaban con nosotros. De modo que entre el trabajo en el hospital, las guardias y las tardes de voluntariado apenas tenía tiempo libre. Como médico debía diseñar la parte asistencial de Cudeca, pero no tenía ni idea de cómo conseguiríamos el dinero para financiarnos.

Joan tenía toda la estrategia pensada: primero realizaríamos una rueda de prensa para dar a conocer el proyecto y después buscaríamos el apoyo de las personas. La comunidad anglosajona de la costa de Málaga, con el liderazgo de Joan, se implicó desde el inicio. Vieron en el Hospice una causa en la cual volcarse. Son una población muy activa y con mucho movimiento asociativo. Suelen ser muy prácticos y están acostumbrados a llevar a cabo pequeñas acciones para recaudar fondos, como vender una tarta, rifar algunos objetos, organizar una gala…

Al cabo de dos años ya disponíamos de dinero suficiente para contratar a una enfermera y un poco más tarde a una secretaria. Para Joan era muy importante la transparencia del proyecto. Las personas tenían que saber a qué se dedicaba su aportación, y desde el comienzo hemos organizado anualmente presentaciones públicas de la actividad asistencial realizada y de cómo se han empleado los fondos recibidos.

La primera piedra del edificio la pusimos dos años más tarde. Para entonces habíamos reunido el capital necesario para iniciar la obra y contábamos con un terreno en Benalmádena cedido por el ayuntamiento de Málaga.

Una vez que estuvo en marcha el centro, pudimos mostrar lo que hacíamos y la población española empezó a apoyarnos. Pero durante los primeros quince años fueron los ingleses residentes en la zona quienes levantaron el proyecto. Para ellos supuso una manera de integrarse en el territorio, pues a través de Cudeca han estado cuidando y beneficiando a la población autóctona, como una forma de expresar su gratitud por vivir aquí en Andalucía.

Joan fue una visionaria en muchos aspectos, y también pensó en abrir tiendas benéficas para vender ropa de segunda mano. Sinceramente, yo no lo veía claro, pero funcionó. Hoy disponemos de veinticinco tiendas en Málaga que dependen del trabajo de los voluntarios. Cuando una persona que hemos atendido fallece, suelen donar su ropa, y a menudo algún miembro de la familia se ofrece para trabajar una tarde o una mañana a la semana en una de las tiendas. Es algo terapéutico para ellos, pues les da un sentido a su nueva vida. También es su manera de dar las gracias y seguir conectados con Cudeca, aunque de otra manera.

En realidad, el Hospice es de todos. Necesitamos el compromiso de la comunidad para subsistir y seguir cuidándolos en un futuro. Aparte de la unidad de ingreso y el centro de día disponemos de siete equipos domiciliarios, así que al año atendemos aproximadamente unas mil seiscientas familias.

Mi relación con Joan siempre fue de tú a tú. Ella me dio una confianza que yo no tenía. Nunca creí que pudiera liderar un proyecto como este, no tenía esa pretensión. Entre nosotras existía una gran complicidad. Con los años logramos sentirnos muy conectadas y pensábamos de manera muy similar, pues teníamos un objetivo en común muy claro. Eso nos dio mucha fuerza.

Ella ha sido la cara visible de Cudeca y ha sabido crear lazos de amistad con famosos, así como alianzas con instituciones públicas y privadas a favor de la causa. En los últimos años delegó el mando y las funciones en nosotros, pero siguió siendo un apoyo moral. Vivía en una casita construida para ella en el Hospice y solía venir a saludarnos cada día. A menudo su enérgica risa invadía los pasillos de las habitaciones silenciosas, y mientras pudo le gustaba entrar a visitar a los enfermos para interesarse por ellos y saber cómo se sentían atendidos.

Incluso cuando estuvo más delicada la hicimos partícipe de lo que sucedía y siempre ayudaba en algo: firmaba algún documento, te ofrecía una indicación, una palabra de ánimo, o simplemente su sonrisa te llenaba el día de positividad. Echo mucho de menos todo eso..., su manera de cuidarnos, pero también de regañarnos. Era una persona que no dejaba nada por decir. Lo expresaba de manera educada, muy *polite*, pero te hacía saber con franqueza lo que pensaba.

Durante el último año y medio nos despedimos tres veces de Joan, pues en varias ocasiones estuvo a punto de morir. Después de un infarto decidimos que viniera a vivir a Cudeca. A ella le aterraba perder su autonomía, era muy independiente y le costaba asumir que la tuvieran que cuidar. Sin embargo, poder desayunar con el equipo y vernos trabajar la mantuvo conectada a nosotros y a su propósito. Eso le dio mucha vida.

Pensar en su humor inglés me hace sonreír. Tenía la costumbre de hacer una reunión con el núcleo organizativo de Cudeca después de algún evento importante, entonces se tomaba un whisky para celebrar y relajarse. Cuando estuvo ingresada seguimos con este ritual, íbamos a su habitación y le llenaba un poco el vasito de medicación para brindar. Entonces lo miraba y me decía: «*Pero qué miserable eres, Marisa, ¡échame más!*».

Unos seis años antes de morir dejó por escrito sus últimas voluntades. Nos indicaba a quién teníamos que avisar, la música que deseaba que sonara en su funeral, un mensaje para los trabajadores y voluntarios, así como lo que debíamos hacer con sus cosas. Siempre decía que esta segunda vida había sido la más plena para ella. En el último año nos decía que se iba tranquila, feliz, pero nos pedía que cuidáramos de Cudeca, su legado.

Joan no había tenido hijos y solo mantenía contacto con un sobrino que vivía en Inglaterra. Ella creó una nueva familia aquí, con todo el equipo. Cuando se puso más grave, Susan —la enfermera con la que empezamos— y yo éramos las más cercanas y vivimos el proceso como familiares, ilusionándonos con cualquier señal de una posible mejoría, aunque sabíamos que no iba a ser así. Tuvo un infarto cerebral y durante una semana perdió el habla y la movilidad. Murió plácidamente el 24 de junio de 2021, el día de su santo.

Trasladamos el cuerpo de Joan a su casa para que pudieran despedirse de ella todas las personas de Cudeca. Fue muy reconfortante y muy especial estar ahí, en un ambiente tan íntimo, con sus cosas, con la foto de ella y su marido… Tuvimos la suerte de que fuera un día festivo, y no hicimos pública su defunción hasta la siguiente jornada. Así pudimos estar tranquilos y darnos permiso para sentir.

Joan nos ha dejado muchas cosas. Por un lado, una gran responsabilidad, una manera de hacer, pero también esa capacidad de confiar en la gente y en la vida. Para mí ha sido una pequeña gran persona. Sabía estar en su sitio con mucha humildad, pero a la vez sin sentirse menos que nadie. Cuando tienes el norte muy claro y luchas por algo en lo que crees, lo superfluo y los complejos desaparecen. Ella fue todo un ejemplo de cómo conducirse con seguridad y convicción hacia un propósito que iba más allá de sí misma.

Su lema era: *what is meant to be, will be*, es decir, lo que tenga que ser, será. Si algo no salía bien significaba que teníamos que buscar otro camino. Esa confianza básica guio en todo momento sus pasos, reconociendo que, aunque no todo está bajo nuestro control, la ayuda llega de alguna manera.

Joan pidió que sus cenizas estuvieran en el jardín de Cudeca y que plantáramos en su honor un rosal rojo, y así será. Mantendremos viva su memoria y su legado.

MARISA, AMIGA Y COMPAÑERA DE JOAN EN CUDECA

Joan dejó este escrito como despedida para su equipo:

No estéis tristes. Celebrad mi vida, no mi muerte. He tenido una vida plena y muy feliz. He trabajado mucho, pero siempre a gusto, rodeada del gran equipo Cudeca, del cual me siento tan orgullosa y admiro profundamente. Siempre me ha conmovido el amor, respeto y dignidad con la que todos en Cudeca cuidáis a las personas en el momento más difícil de sus vidas.

No enviéis flores a mi funeral, enviad un donativo. Sabéis bien que el donativo que pedí en el funeral de mi esposo Fred fue el impulso para crear un centro especial para cuidar de la última etapa de la vida de muchos enfermos y de sus familiares. Pues bien, ahora me toca a mí, y os pido lo mismo de nuevo: enviad donativos que sirvan para cuidar, aliviar y acompañar a los que más nos necesitan.

Cuidad de Cudeca, confío en todos vosotros: aseguraros de que mi legado siga aportando vida a los días de los enfermos y sus familias, con la forma especial de cuidar de Cudeca.

Y, por último, recordadme con alegría. Ser recordada significa que alguna vez viví y estaré en paz. Mi amor para todos, éxito y crecimiento para Cudeca.

*Tomé el camino menos transitado y dejo a Cudeca en las ma-
nos amorosas de quienes eligieron viajar conmigo.*

* * *

Tener la fortuna de haber vivido una vida larga y plena indudable-
mente ayuda a afrontar con serenidad el final. Si la muerte llega a
una edad avanzada y con la satisfacción de haber realizado aquello
que se valora como importante, es más fácil que se asuma como el
colofón natural de la existencia.

Una cosa es cerrar el círculo de la propia vida cuando ya se ha
completado, y otra muy diferente que se interrumpa sintiendo que
aún queda mucho camino por recorrer. Sin embargo, en cualquier
circunstancia puede asomar el sufrimiento. Hay personas mayores
que, más que a la muerte, temen a la incapacidad y a la decrepitud;
para ellas supone un reto asumir que han perdido su autonomía y
que necesitan ayuda. Pero morir puede suponer un paso difícil a
cualquier edad.

Todo depende de la percepción y de la vivencia subjetiva. Personas con grandes realizaciones en el mundo material pueden lamentarse al final de la vida por no haber podido estar más con su
familia, mientras que otros sentirán que han dejado sueños por
cumplir. Algunos enfermos, en cambio, apreciarán lo que han construido —sea un proyecto que han amado, haber cuidado de los hijos
y de los seres queridos, o sentir que han mejorado como personas—
y eso les ofrecerá una reconfortante sensación de sentido y de paz.

Al final de la vida se suele mirar hacia atrás para valorar el
trayecto recorrido. Siempre habrá luces y sombras, cosas de las
que enorgullecerse y otras que resultarán dolorosas. Pero también
se dirige la mirada hacia delante, para cuidar el legado que se
quiere dejar a los demás o despedirse de lo que ya no se podrá

vivir. Lo saben bien los que acompañan en este momento vital, sean familiares, profesionales o voluntarios, pues la persona a menudo necesita rememorar su vida, hablar de lo que fue o de lo que no pudo ser, como una manera de componer su relato biográfico.

El sentido y la conexión son elementos esenciales para una muerte plácida. Sentirse conectado —con uno mismo, con los demás, con un proyecto, con la vida o la trascendencia—, permite encontrar una base de seguridad y de satisfacción en medio de cambios difíciles. Mientras que la necesidad de encontrar sentido surge con más relevancia justamente cuando lo perdemos. Entonces se detiene ese motor interno que nos moviliza y que nos ayuda a seguir adelante, y todo se vuelve más gris y penoso.

Hay personas que valoran que su vida ha tenido significado cuando miran hacia el pasado, pero sienten que ya no lo tiene en su situación actual de enfermedad. Uno de los aspectos que ayudan a preservar el sentido es mantener vivo un propósito.

A Joan, formar parte de Cudeca hasta el final de sus días le ayudó a asumir su declive físico y a conservar su integridad. ¡Cuántas veces las personas mayores se sienten relegadas, apartadas, como si ya no pudieran ofrecer nada a los demás! Qué fácil es entonces perder la motivación para vivir… Pero en la voz de Marisa vemos que para el equipo resultaba muy importante contar con la presencia, las palabras y el acompañamiento de Joan, que seguía participando del proyecto común. Eso era beneficioso tanto para ella como para el personal de Cudeca.

Un propósito es algo que nos da orientación, una aspiración que despierta entusiasmo. A menudo las situaciones críticas provocan que se tenga que renunciar a deseos o fines que de repente resultan inviables, y eso puede ser muy difícil de vivir. Pero a veces, tras un proceso de ofuscación, pueden abrirse nuevas ventanas.

En el caso de Joan, después de fallecer su marido y derrumbarse el futuro que tenía planificado, descubrió un horizonte distinto. Esta nueva finalidad seguramente la ayudó a transitar su duelo, pero también a vivir con plenitud los años que tenía por delante. Se dirigió con tenacidad hacia un proyecto que iba más allá de ella misma, con la intención de ayudar a los enfermos y a sus familias, compartiendo su objetivo con otras personas. Los propósitos que buscan alimentar el bien ajeno son los que aportan un significado más sólido, precisamente porque nos conectan con los demás y con nuestro corazón compasivo.

El sentido también está unido a la coherencia y a la esperanza. Cuando las decisiones y las acciones son congruentes con los propios principios y valores surge una sensación de sentido realizado. En la última etapa la persona suele valorar si ha hecho en su vida lo que sentía que tenía que hacer. También puede preguntarse cómo desea afrontar el momento presente o incluso la muerte, qué testimonio quiere dejar para sus seres queridos.

Viktor Frankl, el reconocido psiquiatra judío que sobrevivió durante años en un campo de concentración donde perdió a sus padres y a su esposa, hablaba de la última libertad del ser humano. Según Frankl, incluso en las circunstancias más miserables y en la experiencia de sufrimiento es posible encontrar algún sentido eligiendo la actitud con la que se responde.

Aunque existe este potencial de decisión, también es cierto que no todos los individuos pueden afrontar la adversidad como les gustaría. A menudo uno hace simplemente lo que puede. Para muchas personas será necesario asumir primero lo que les toca vivir para ser capaces de decidir cómo desean hacerle frente. No es posible coger las riendas de una situación mientras se está atrapado emocionalmente por las circunstancias.

Por otro lado, la esperanza supone un aliento, algo que ayuda a proseguir. Cuando está relacionada con la enfermedad suele ir mutando a lo largo del proceso. Como escribe el catedrático en psicología Ramón Bayés: «*Cuando no hay cura, la esperanza es que la enfermedad avance lentamente. Cuando avanza, la esperanza es minimizar el sufrimiento y, si continúa... la esperanza es morir en paz*».

Un anhelo, una ilusión, un deseo..., también pueden ser una fuente de esperanza. Es el alimento que ayuda a sostenerse en el camino, unido a poder disfrutar de pequeños pero significativos placeres: la buena compañía, contemplar la naturaleza, escuchar una bonita música, degustar algo delicioso... Ofrecer buenos momentos a la persona enferma, por lo tanto, es darle esperanza.

Se ha observado que una de las actitudes que más ayuda a afrontar el sufrimiento existencial del final de la vida es la que muestran varios testimonios recogidos en este libro. El concepto *double awareness* (toma de conciencia doble) se ha utilizado en la enfermedad avanzada para describir la capacidad de la persona de seguir participando en el mundo mientras se prepara para la muerte.

En el caso de Joan, había planificado años atrás su funeral, incluso dejando por escrito las palabras que deseaba que fueran leídas, y había organizado su equipo para el momento en que ella ya no estuviera. Pero a la vez seguía comprometida con su causa y disfrutaba de lo que podía. Así pues, uno puede prepararse ante la posibilidad de morir y seguir sacando todo el jugo posible a la vida.

Alternar entre estas dos respuestas dispares —enfrentarse a la pérdida y a la muerte, y orientarse hacia la vida, hacia lo que todavía se puede hacer— ayuda a tener una buena adaptación, según indican algunos modelos (*El procesamiento dual del duelo*, de Stroebe y Schut, y *Double Awareness*, de Hales, Rodin y Zimmermann). Estar continuamente conectado con la posibilidad de morir resultaría insoportable, pero si siempre se evita pensar en esa realidad tampoco es posible integrarla ni anticiparse, ya sea, por ejemplo, para cerrar asuntos pendientes, expresar lo que se necesita transmitir o realizar un proceso interior. La ambivalencia y la flexibilidad entre estos dos estados permite encontrar un equilibrio sin caer en la desesperación ni en la desconexión.

Ante la pregunta: «*¿En qué lugar preferirías morir?*», la mayoría de las personas contestan que desearían fallecer en su casa, aunque sabemos que no siempre es posible. Aproximadamente menos de una cuarta parte de los enfermos muere en su hogar. Influyen en ello múltiples factores, relacionados con el proceso de enfermedad, la preferencia y el estilo de afrontamiento de la persona, así como la capacidad del entorno para ofrecer el soporte necesario.

Es importante que exista un acuerdo entre el enfermo y sus familiares respecto a esta decisión, pues para asumir el final en la propia vivienda es preciso que haya como mínimo dos cuidadores. La tarea es demasiado ardua para que recaiga en una única persona. Además, el domicilio ha de tener las condiciones adecuadas y a menudo suele ser necesaria ayuda externa, como pueden ser los cuidadores profesionales. Por otro lado, se ha demostrado que es más factible morir en casa cuando se recibe la asistencia de un equipo de cuidados paliativos domiciliario.

Esa fue la necesidad que detectó Joan cuando falleció su marido: contar con recursos para atender el final de la vida de una forma más humanizada y con profesionales formados. Sin embargo, como dice Xavier Busquet, médico experto en cuidados paliativos con más de treinta años trabajando en atención domiciliaria, la buena muerte es un derecho, no debería ser una lotería. Y de momento, en el territorio español, no existe equidad respecto a estos servicios especializados, ya sea en hospitales, centros sociosanitarios o en el domicilio. Incluso en los últimos años se observa un importante retroceso en la cantidad y la calidad de los recursos disponibles respecto a otros países europeos.

El mejor lugar para morir debería estar en congruencia con las necesidades de la persona. Quizás algunos enfermos se sientan más confiados en el hospital o en un centro sociosanitario, donde serán atendidos continuamente por profesionales. Mientras que otros preferirán vivir el final envueltos por las sensaciones familiares de su hogar, que a veces será la residencia en la que viven desde hace años. En cualquier caso, es importante que el entorno ofrezca seguridad, para lo cual es indispensable recibir una atención experta y respetuosa.

Ojalá existieran más centros concebidos para acompañar en la situación de enfermedad avanzada y el final de la vida. Como el Hospice de Cudeca, que cuenta con una unidad de ingreso en la cual las camas de las habitaciones pueden desplazarse al exterior. De este modo la persona mantiene un contacto directo con la naturaleza y la luz, si así lo desea, mientras recibe el apoyo de profesionales y de voluntarios durante todo su proceso, además del cariño de sus familiares. El entorno tiene una clara influencia en nuestro estado. Por eso, un lugar acogedor, luminoso e inspirador también ayuda a generar confianza y bienestar, así como a sentirse amorosamente cuidado.

EPÍLOGO

Existe un elemento primordial que sin duda ayuda a morir en paz y que está presente en todos los testimonios de este libro, que es el amor.

En cada una de las entrevistas que realicé fue conmovedor escuchar cómo los familiares y amigos hablaban de la persona que murió. A algunas de ellas tuve la fortuna de conocerlas personalmente, así como de acompañarlas en su proceso; otras las conocí a través de sus seres queridos y de las fotografías que me brindaron. Quienes me contaron esa historia de vida transmitían tanto amor... Para ellos resulta muy significativo compartir aquí su experiencia, pues es un homenaje a la persona que partió. Pero sobre todo desean que el testimonio sirva de ayuda y de inspiración para quienes han de atravesar ese trance, ya sea como enfermos o como acompañantes.

Nacemos abiertos al amor, vulnerables y dependientes del cuidado de los demás. Morimos también con esta necesidad de abandonarnos y de ser sostenidos, ya sea por otras personas o por algo más grande y sagrado que nos acoge.

Morir es algo tan íntimo, tan propio... La manera especial de cuidar del entorno proporciona un soporte a la experiencia. Es el recipiente que envuelve cariñosamente lo que está sucediendo por dentro. Por eso es posible ayudar, y mucho, cuando aparentemente se puede hacer poco, ofreciendo una presencia atenta y amorosa.

Para que la persona pueda morir en paz muchas veces es necesario que sus seres queridos asuman que ha llegado su momento. Y eso es una enorme prueba de amor. Cuando se produce el giro hacia la aceptación desaparece esa nube que cubría la verdad y, aunque sea duro, todo se ve mucho más claro. La realidad cae por su peso. Sin duda, ese estado diferente en los acompañantes llega al enfermo, aportándole una calma que antes no sentía.

Vivimos en una sociedad que evita el dolor propio y ajeno. Este es el verdadero tabú del siglo XXI, pues todo lo que habla de sufrimiento, de pérdida, se rehúye. Se valora la rapidez con la que se superan las adversidades, recuperar cuanto antes la normalidad o sacarle enseguida provecho a las situaciones críticas. Y eso solo es posible si uno se desconecta en alguna medida de sus propias sensaciones y emociones. No hay apenas espacio para que el dolor cumpla su proceso de sanación.

Por eso es tan importante que haya una mayor cultura del acompañamiento. Nos permitiría ser más sensibles y sabríamos cómo acercarnos a las personas que se sienten vulnerables por alguna razón, reconociendo que en algún momento todos estaremos en ese lugar. Asimismo es importante cultivar la compasión, aprendiendo a resonar con la vivencia ajena y actuando en consecuencia. Resulta muy distinto ayudar partiendo de la necesidad de la otra persona, según su manera de sentir, que desde lo que uno mismo cree que el otro necesita.

Esta cualidad compasiva y bondadosa es un estado esencial del ser. Está presente en todos nosotros, aunque a veces se encuentre ensombrecida bajo capas de protección y de confusión. Trasciende aquello que denominamos apego, ese tipo de afecto que está más centrado en las propias heridas y necesidades emocionales. Es un amor puro y luminoso que nos abre a la conexión a todos los niveles. Para empezar, con uno mismo.

La relación que mantenemos con nosotros mismos muchas veces carece de amor y está repleta de juicios, de exigencia o incluso de maltrato. A menudo es preciso realizar todo un trabajo emocional para llegar a reconciliarnos con quienes somos, para aprender a hablarnos y tratarnos con mayor dulzura y comprensión. A mi entender, esta es la piedra angular del camino espiritual, que nos puede llevar a tener una relación más plena con los demás y con la trascendencia. Los testimonios de este libro nos enseñan que la paz comienza por estar bien con uno mismo, asumiendo en la medida de lo posible las circunstancias que nos toca vivir.

Como círculos concéntricos que se expanden, esta relación interna influye en la que se construye con los demás, y a la inversa. El amor circula sin barreras cuando los vínculos son armoniosos. Pero incluso si son difíciles o complejos suele haber un fondo de amor muy real. A lo largo de estas páginas hemos visto cuán importante es estar en paz con las personas queridas, sentirse amado y poder expresar afecto, así como perdonar o también ser capaz de poner un límite necesario. Las relaciones con los demás son espejos que muestran algo de uno mismo. No lo olvidemos.

Me gusta pensar que el poso de amor que dejaron las personas que fallecieron puede extenderse mediante su testimonio a los lectores, creando círculos cada vez más amplios, como los que forma una piedra al caer en el centro de un estanque. En esta labor humana de convivir con la pérdida y el morir estamos todos unidos, compartiendo algo muy similar. El amor también tiene una dimensión trascendente, que nos recuerda que no somos seres separados. El bienestar o el malestar de uno influye en el estado del otro, en un continuo baile de interdependencia, y para algunas personas existe una base de amor total e incondicional que siempre está ahí. Lo pueden sentir como una confianza básica en la vida o como la unión con lo divino.

Sor Genoveva Masip, una religiosa dedicada a las personas más marginadas y desfavorecidas, decía: «*La muerte es un acto de amor*». Probablemente no exista un momento de mayor entrega, en el que es posible vivir una sensación de expansión.

El misterio de la muerte nos sobrecoge ante la inmensidad de lo que no conocemos. Creo que desde muy temprana edad empecé a realizarme preguntas sobre el morir. Quizá porque mi familia se vio sacudida pocos meses después de mi nacimiento por la enfermedad y la muerte de mi padrino, el hermano de mi padre, siendo él todavía muy joven y dejando a hijos pequeños. Cuando decidí dedicarme a acompañar a personas en su proceso final no era plenamente consciente de cuánto influía en mí esa vivencia. Ahora sé que fue un impulso para sanar una herida familiar, que en su momento se atendió como buenamente se supo.

Dicen que enseñamos aquello que necesitamos aprender y, si miro mi historia con la muerte, pienso que realmente es así. Se trata de una realidad que me ha provocado inquietud y angustia, al mismo tiempo que asombro y curiosidad. Es el umbral de lo desconocido, y para mí supone una conexión con lo esencial y lo espiritual.

Se aprende tanto estando cerca de las personas que afrontan su final... A menudo se produce una intimidad difícil de explicar. No es fácil estar ahí, pues también se sufre, pero te colma de sentido. Agradezco profundamente todo lo que he recibido. Cada persona que he acompañado está presente en mi visión actual de lo que supone morir. Pero especialmente todos ellos me han ayudado a vivir con una conciencia distinta, a traspasar miedos, a ensanchar la confianza y el amor en mi interior.

Agradezco también por tantas y tantas fuentes de conocimiento y de inspiración: personales, académicas, al igual la extraordinaria sabiduría que contienen la filosofía y las tradiciones espirituales. Me emociona saber que sigo el hilo de grandes mujeres, como Elisabeth Kübler-Ross o Cicely Saunders, que se abrieron paso en esta labor de servicio que supone acompañar a las personas que mueren. Gracias a ellas y a todos los referentes que han formado parte de este camino, los cuidados paliativos son una especialidad científicamente muy sólida y, a la vez, con una gran apertura a lo existencial y lo espiritual.

Mi anhelo por saber me ha llevado a una búsqueda que todavía continúa, y que me imagino que seguirá hasta mis últimos días. No hay respuestas ante la muerte, solo experiencias.

Existe una historia que siempre me ha fascinado. Cuenta que un día San Agustín paseaba por una playa mientras iba reflexionando sobre el misterio de la Santísima Trinidad. Inmerso en sus cavilaciones se encontró con un niño que había excavado un pequeño hoyo en la arena. Diligente, se afanaba en ir hacia el mar para llenar de agua una concha y corría después a verterla en el hueco de arena. Lo repetía incansable una y otra vez.

Lleno de curiosidad, San Agustín se acercó al niño y le preguntó qué era lo que estaba haciendo, a lo que este le respondió que trataba de meter toda el agua del mar en su hoyo. Sonriendo, el santo le replicó que eso era imposible. Y dicen que el niño le miró y le dijo: «*Todavía más difícil es procurar entender con tu mente pequeña y finita el inmenso misterio de Dios*». Tras esto el niño desapareció y San Agustín lo interpretó como un mensaje divino.

Seguramente aquí, en esta vida, no seremos capaces de comprender la vastedad del gran misterio, pero si nos mantenemos curiosos y atentos quizá aparezcan vislumbres que aporten luz y profundidad a nuestra vida. Deseo que esta obra contribuya en ese sentido y sea beneficiosa. Que sepamos crear las mejores condiciones para vivir y morir con la mayor paz posible.

AGRADECIMIENTOS

La palabra gracias es una de mis favoritas. Y ahora que pongo punto final a esta obra siento que tengo mucho que agradecer. Probablemente, sin el impulso de las personas que me han acompañado en este largo camino, no hubiera logrado concluir este libro.

La idea inicial surgió en un retiro en el otoño de 2016 y los primeros testimonios que recogí fueron un gran acicate para no abandonar el proyecto. Sentía el compromiso de dar voz a los familiares y amigos que me abrieron su corazón para compartir su historia, pero también me sentía en deuda con quienes habían dejado ese legado que merecía ser transmitido.

Doy las gracias a cada una de las personas que han participado en este libro. A los familiares y amigos que me hablaron de su ser querido, por su entrega, su honestidad y su verdad, y especialmente por confiar en mí y en la idea central de esta obra. Gracias por todo el amor que pusieron en sus palabras y por su sincero deseo de ser de ayuda para los futuros lectores.

Gracias a Odina, Arnau, Mía, María Teresa, Mari Luz, Margarita, Alba, Carles, Gloria, Enric, Antonio, Lisa, Lluís y Joan. Los siento muy cerca, aunque a algunos no los he conocido personalmente. Su manera de vivir su enfermedad y su muerte ha sido una inspiración para su entorno y también para mí, pero ahora su vivencia podrá llegar a más personas. Quisiera decirles, si pudiera, que su paso por esta vida dejó hermosas semillas de amor que han brotado en sus seres queridos y que seguirán floreciendo en quienes lean su testimonio.

Gracias a todas las personas que he podido acompañar, como familiar o como psicóloga, en su proceso de morir. Estar ahí me permitió descubrir algo esencial que se esconde tras esa experiencia asombrosa y a la vez tan natural. Me siento privilegiada por haber compartido esos momentos de intimidad y por aprender sobre lo que significa morir antes de que llegue mi hora.

Josan, mi compañero de vida, no solo ha soportado mis dudas y frustraciones durante todo este proceso, sino que también ha revisado los textos y me ha ofrecido ideas valiosas. Gracias por creer en mí, por tu entusiasmo y tu aliento incansable. Siempre he sentido que me veías, que percibías mi esencia y que además te gustaba. No sabes cuánto me ha ayudado eso a desplegar mis alas.

Mi querido hijo ha sido el transcriptor de las entrevistas, y sé que muchos de los testimonios han calado en él. Gracias, Eric, por ser esa preciosa persona que me hace sentir tan y tan orgullosa. Tu profundidad y tu capacidad de ser fiel a ti mismo siempre me sorprende. Gracias por acompañarme en esta aventura y ¡en la vida!

Gracias a Josep Maria, mi padre, por ser un ejemplo de positividad y enseñarme a conectar con los demás a través del humor, también por hablarme de su bonito deseo de morir con una sonrisa. Gracias a Tera, mi madre, por su sensibilidad y por mostrarme con su camino interior que siempre es posible crecer y sentirse más en paz con una misma. Gracias a Mònica, mi hermana, por su apoyo incondicional y por hacerme llegar todas las noticias que encuentra relacionadas con «mis temas».

Gracias también a Alicia, hermana de Eric, por su bondad y por suponer un gran aprendizaje para mí. A mis cuñados, Chus y Elisa, por estar siempre ahí, atentos y amorosos. Y a mi tía Montse, por su cariño. Me siento muy afortunada por sentir el amor de mi familia. Tengo presentes en este momento a familiares que ya no están pero que dejaron una bonita huella en mí. Como mis abuelos maternos, Nati y Ramón, así como mi tía abuela Bienve. Mis abuelos paternos, Magdalena y Josep Maria, y mi tío Eloy. Recuerdo especialmente a mi suegra Cándida, y a María del Mar, por cómo afrontó su enfermedad y sus luminosas palabras de despedida.

Tengo la fortuna de contar con amigos tan cercanos que nos consideramos familia: Patricia, Américo, Gema, Beatriz, Paola, Mar y Dani. Este año desgraciadamente perdimos a nuestro querido Ángel Catena, padrino de mi hijo, y a Susi, tan linda y tan especial. A Lidia Ayllón, mi gran amiga y hermana de Susi, quiero darle las gracias por esa unión de alma que tenemos y confiar tanto en mí. Ha sido una de las personas con quien más he hablado del libro, así que ¡gracias por la paciencia y por estar siempre disponible!

Gracias a María Rufino, por nuestro amor y nuestra amistad espiritual que crece y crece, y por entendernos tan bien. A Ana Molto, por esa conexión tan bonita que tenemos y por querer ser madrina de esta criatura. Y a mi grupito de psicólogas sistémicas, mujeres sabias y potentes, en especial a Bet Font, Dimitra Doumpioti, Gemma Majó y Jaci Molins, por ser tan inspiradoras para mí y sentirlas siempre a mi lado. A Enrique Baeza, porque a pesar de la distancia hay un hilo que nos une.

A Mario Salvador, por ayudarme a sanar mis heridas y restaurar mi esperanza en la psicología. A Mercè Sallas, por su humilde sabiduría y su cuidado amoroso del alma, que tanto me ha transformado, y a mis compañeras de armonización energética. A Irene Jimeno, por esas clases de yoga que regeneran el cuerpo y el espíritu, y a mis queridas *yoguinis* Cristina y Marta.

292 • MORIR CON AMOR

Agradezco a mis estimadas amigas y compañeras Ainhoa Videgain, Amparo Martínez, Nadia Collete, Núria Carsi, Àngels Ponce y Sara Pons su generosidad y los testimonios que me presentaron. A Jordi Royo, por todo lo que aprendí de él trabajando en el mismo equipo, y a Ángels Cantos, por tener siempre fe en mí, por su cariño incondicional y nuestras amenas charlas. Gracias a Marga García, por ser única dando inyecciones motivadoras, que bien sabe que me hacían falta. Gracias también a Francesc Miralles, que me ayudó a superar una crisis de sentido del libro después de los meses de confinamiento por el covid.

Un recuerdo y un agradecimiento especial a Manel Dionís Comas, amigo y primer psicólogo de cuidados paliativos en España. Fue una de las primeras personas que me dijo que yo serviría para acompañar en el proceso de morir. Guardaré siempre en la memoria esas tardes en casa, en las que disfruté de su saber y de su compañía. Gracias también a Ramón Bayés, por abrirnos camino en este campo con su mirada investigadora, y sus acertados comentarios cuando empezaba a escribir y la idea de este libro todavía estaba verde. A Jorge Maté, por su humanidad, su buena disposición cuando le pedí ayuda y sus anotaciones del primer capítulo. Y a Antonio Pascual, por su saber hacer, por escucharme y animarme a seguir adelante.

Gracias a las psicólogas, enfermeras, médicos, trabajadoras sociales y voluntarios con los que en algún momento formé equipo, por la riqueza de lo que vivimos conjuntamente y por todo lo que me enseñaron. Atender a familias que viven la enfermedad y la muerte de uno de sus seres queridos es un trabajo intenso que solo es posible sostenerlo en equipo. En mí quedan guardados todos esos momentos significativos y también de alegría que compartimos.

Pude realizar mi vocación de trabajar en cuidados paliativos gracias al Programa de Atención Psicosocial a personas con enfermedad avanzada, de la Obra Social "la Caixa", que se creó a finales del 2008. Con los compañeros EAPS de toda España, creamos una gran familia y fue muy especial formar parte de este gran proyecto desde sus inicios.

Quiero dar las gracias también a la editorial Urano, y especialmente a Marta Sevilla, por darme un «sí» rotundo y apostar por un libro que trata un tema difícil como la muerte. Y a Enric Benito, por aceptar mi invitación para escribir el prólogo. Gracias Enric, por tus amables y a la vez atrevidas palabras.

Por último, gracias a todas mis fuentes de inspiración, a los maestros y maestras que de diferentes formas han guiado mi camino, ya sea con su presencia, sus enseñanzas, las lecturas de sus libros...

Pero sobre todo gracias a la vida por permitirme realizar esta obra que tiene tanto sentido para mí y forma parte de mi propósito personal.

ANEXO

Breve guía para acompañar en los últimos días

A algunas personas les resulta difícil saber cómo acompañar a un ser querido que está muriendo, sobre todo cuando el enfermo permanece sedado o inconsciente, o pasa cada vez más tiempo dormido. Este momento tan delicado a menudo genera temor o inquietud.

Durante este proceso es importante tener una comunicación franca y directa con el equipo sanitario, así como poder expresar todas las preocupaciones o dudas que puedan surgir, para que no queden sin resolver. También resulta crucial tener en cuenta a los niños, los ancianos o las personas con discapacidad intelectual, ya que a veces son apartados con la intención de protegerlos. Conviene informarles de lo que está sucediendo según su capacidad de entendimiento y ofrecerles la posibilidad de participar de alguna manera, si así lo desean. A menudo suele ser peor la fantasía que se genera alrededor de la muerte que una experiencia directa en la que se vive la naturalidad del proceso. Para graduar el impacto es preciso explicarles antes cómo está la persona y lo que podrán ver, procurando que puedan sentirse acompañados en todo momento.

Comúnmente se llama proceso de agonía al estado que precede a la muerte cuando existe una enfermedad en la que la vida se extingue gradualmente. En cuidados paliativos, sin embargo, se prefiere utilizar la expresión *situación de últimos días*.

Esta se caracteriza por un deterioro físico general rápido y progresivo, en el que existe una extrema debilidad en el enfermo, que habitualmente se encuentra postrado o encamado. Las funciones cognitivas y el nivel de conciencia suelen estar alterados, disminuye o desaparece la necesidad de comer y de beber, y existe un desajuste global de las constantes fisiológicas.

LO QUE ES PRECISO SABER

Adaptado del libro del médico Julio Gómez, *Cuidar siempre es posible*, Ed. Plataforma.

- **Alteraciones en la respiración:** En estos momentos la respiración puede volverse irregular, con momentos de mayor agitación intercalados por pausas (apneas) de una duración variable y que son muy premonitorias de que el final está cerca.

  Nuestra respiración es automática, respiramos mientras dormimos y no somos conscientes de ello. De igual manera, la persona en esta última fase no es consciente de esa respiración, para nosotros tan extraña y angustiosa.

- **Estertores:** Son ruidos respiratorios que se producen por el movimiento de las secreciones en las vías respiratorias. No generan malestar en el enfermo, aunque son sonidos desagradables para quien los escucha y por eso se utilizan fármacos para prevenirlos.

- **Fiebre:** Aparece frecuentemente. No suele tener un origen infeccioso, sino que lo produce el propio tumor si existe una enfermedad oncológica. Se pueden utilizar paños o toallas húmedas y evitar el exceso de abrigo. Solo si es muy alta o molesta se trata con fármacos.
- **Frialdad en las extremidades:** En este momento la circulación sanguínea se concentra en los órganos vitales, por eso notaremos las manos, los pies y la nariz fríos y pálidos. Es absolutamente normal y propio de este momento.
- **Quejido y dolor:** En este estado la persona en vez de hablar puede emitir sonidos que suenan como quejidos; vendrían a ser como balbuceos de un bebé. Al igual que el cerebro inmaduro del recién nacido, el cerebro de la persona en el final de su vida no articula palabras. Es muy importante no confundir este quejido con el dolor.

  Un niño al caerse puede llorar con igual intensidad tanto si tiene una herida leve como si precisa diez puntos de sutura, porque todavía no es capaz de modular la respuesta verbal. De modo similar, un cambio postural de una persona en situación de agonía puede provocarle una molestia que exprese con un quejido. ¿Siempre es dolor? No. Es importante fijarse más en el gesto que en el quejido. Y al igual que en el niño, con unas simples caricias y una presencia atenta se calmará, cosa que no ocurriría si el dolor fuera intenso.
- **¿Escucha? ¿Sabe lo que decimos?** Es difícil de asegurar. El oído y el tacto son sentidos que se preservan hasta el final, pero el cerebro puede tener sus funciones limitadas en este momento. Sin embargo, es posible que, al igual que el bebé que no entiende las palabras, sí reconozca las voces conocidas y se relaje al oírlas. Un tono tranquilo y sereno puede ayudar a generar una sensación de seguridad.

¿CÓMO ACOMPAÑAR?

Los familiares y amigos a veces sufren la frustración de no poder cambiar la situación, pero pueden ayudar a su ser querido acompañándolo en un momento crucial de su vida.

- Podemos continuar cuidando de esa persona realizando cosas que sabemos que son importantes para ella (mantener su cuerpo confortable, utilizar en el ambiente una fragancia que le guste, poner música que le resulta inspiradora...).
- Respetar y hacer valer los deseos que haya manifestado nuestro ser querido es una manera de preservar su esencia.
- Crear una atmósfera apacible a su alrededor, evitando en lo posible ruidos intensos, cuidando la temperatura de la habitación o utilizando luces indirectas que no generen malestar.
- Podemos ofrecerle sensaciones agradables a sus sentidos, con suaves caricias, el aroma y la belleza de unas flores, humedeciendo sus labios...
- Se trata de un momento en el cual más que HACER, tenemos que ESTAR. Nuestra presencia seguramente ya le resulta reconfortante. Podemos acompañarlo en silencio, respirando de forma pausada a su lado y con el contacto físico respetuoso.
- Si sentimos la necesidad de comunicar al ser querido alguna cosa podemos hacerlo aunque permanezca inconsciente. Otras personas prefieren expresarlo interiormente. Hay quien encuentra beneficioso hablar de recuerdos positivos u ofrecer palabras de gratitud, perdón o permiso.
- Algunas personas necesitan tener un momento privado con su ser querido. Si es así, hay que pedir a los familiares y amigos que nos concedan ese tiempo.

- Llorar en presencia de la persona no es negativo, es un sentimiento natural. Pero si aparecen emociones muy intensas es preferible tener un tiempo para uno mismo y desahogarse fuera de la habitación.
- Tener presentes las prácticas religiosas o espirituales del ser querido. Si lo creemos conveniente o según sus instrucciones podemos avisar a un representante de su religión. También es posible acompañar con plegarias, oraciones o textos que para la persona tengan un sentido especial.
- Algunas personas encuentran refugio en alguna imagen inspiradora, así como en ciertos objetos significativos o de culto, que pueden ubicarse en un lugar privilegiado de la habitación.
- Ofrecer una presencia amorosa al ser querido es el mejor acompañamiento. Aunque vivir este proceso final de despedida es difícil y puede asustar, generalmente estar presente ayuda a ver la parte natural y esencial del morir, y reconforta haber estado presente en algún momento.

BIBLIOGRAFÍA

Adler, A. (1999). *Comprender la vida*. Barcelona: Paidós.

Anagarika Govinda (2014). *La senda de las nubes blancas*. Girona: Atalanta.

Anónimo (2016). *Bhagavadgita*. Girona: Atalanta.

Arráez, V.; y Miquel, P. (ed.). (2018). *La muerte y el morir*. Editorial Escola de Vida.

Arranz, P.; Barbero, J.; Barreto, P.; y Bayés, R. (2003). *Intervención emocional en cuidados paliativos. Modelo y protocolos*. Barcelona: Ariel: 2003.

Balaguer, A.; Monforte-Royo, C.; Porta-Sales, J.; Alonso-Babarro, A.; Alisent, R.; Aradilla-Herrero, A.; *et al*. (2016) «An International Consensus Definition of the Wish to Hasten Death and Its Related Factors». *PLoS ONE 11*(1); e0146184.

Barbero, J.; Gómez-Batiste, X.; Maté, J.; y Mateo, D. (coord.) (2016). *Manual para la atención psicosocial y espiritual a personas con enfermedades avanzadas. Intervención psicológica y espiritual*. Valencia: Obra Social la Caixa.

Bauman, Z. (2003). *Amor líquido*. Madrid: Fondo de Cultura Económica.

Bayés, R. (2004). «Morir en paz: evaluación de los factores implicados». *Medicina Clínica, 122*(14), 339-341.

Bayés, R. (2006). *Afrontando la vida, esperando la muerte*. Madrid: Alianza.

Bayés, R. (2009). «Sobre la felicidad y el sufrimiento». *Quaderns de Psicología, 11*(1-2), 11-16.

Bayés, R. (2020). *Un largo viaje por la vida*. Barcelona: Plataforma Editorial.

Bayés, R. (2020). «¿Qué es una persona?». *Ágora de enfermería, ISSN 1575-7668, 24*(2), 249-250.

Benito, E.; Barbero, J.; y Payás, A. (2008). *El acompañamiento espiritual en cuidados paliativos. Una introducción y una propuesta.* Grupo de trabajo sobre espiritualidad en cuidados paliativos de la SECPAL. Madrid: Arán Ediciones.

Benito, E.; Maté, J.; y Pascual, A. (2011). «Estrategias para la detección, exploración y atención del sufrimiento en el paciente». *FMC, 18*(7), 392-400.

Benito, E.; Barbero, J.; y Dones, M. (2014). *Espiritualidad en Clínica. Una propuesta de evaluación y acompañamiento espiritual en Cuidados Paliativos.* Madrid: Sociedad Española de Cuidados Paliativos.

Benito, E.; Dones, M.; y Barbero, J. (2016). «El acompañamiento espiritual en cuidados paliativos». *Psicooncología, 13*(2-3), 367-384.

Blackman, S. (2012). *Despedidas elegantes. Cómo mueren los grandes seres.* Barcelona: Liebre de Marzo.

Bowlby, J. (1998). *El apego: El apego y la pérdida.* Barcelona: Paidós.

Borasio, G. D. (2014). *Sobre el bien morir.* Barcelona: Plataforma.

Breitbart, W.; Gidson, C.; Poppito, S. R.; y Berg, A. (2004). «Psychotherapeutic Interventions at the End of Life: A Focus on Meaning and Spirituality». *Can J Psychiatry, 49*(6), 366-372.

Broggi, M. A. (2013). *Por una muerte apropiada.* Barcelona: Anagrama.

Buckman, R. (1998). *Com donar les males notícies. Una guia per a professionals de la salut.* Vic: Eumo.

Busquet, X.; y Valverde, E. (2008). *Vivir el morir. Un difícil aprendizaje.* Lleida: Milenio.

Busquet, X. (2017). «L'hexàgon de la complexitat». *Intercanvis, 38,* 86-106.

Callahan, D. (2000). «Death and the research imperative». *New English Journal of Medicine, 342,* 654-656.

Carsi, N.; de Quadras, S.; Llagostera, C.; y Videgain, A. (2017). *Guía práctica de atención al duelo en Cuidados Paliativos*. Societat Catalano-Balear de Cures Pal·liatives.

Cassell, E. J. (1982). «The nature of suffering and the goals of medicine». *The New Journal of Medicine*, *306* (11), 639-645.

Castro, M. (2018) *Volver a vivir*. Barcelona: RBA.

Cavallé, M. (2006). *La sabiduría recobrada*. Madrid: Martínez Roca.

Chochinov, H. M. (2012). *Dignity Therapy: Final Words for Final Days*. Nueva York: Oxford.

Chochinov, H. M.; Hack, T.; Hassard, T.; Kristjansons L. J.; Mc Clement, S.; y Harlos M. (2005). «Dignity Therapy: a novel psychotherapeutic intervention for patients near the end of life». *J Clin Oncol*, *23*(24), 5520-5.

Chochinov, H. M.; Hack, T.; McClement, S.; Kristjanson, L. J.; y Harlos, M. (2002). «Dignity in the terminally ill: a developing empirical model». *Soc Sci Med*. Feb, *54*(3), 433-43.

Chochinov, H. M. (2009). «Dignidad y la esencia de la medicina, el A, B, C y D del cuidado centrado en la dignidad». *Medicina Paliativa,16*(2), 95-99.

Chochinov, H. M.; y Breitbart, W. (ed.) (2009). *Handbook of Psychiatry in Palliative Medicine*. Nueva York: Oxford.

Chödrön, P. (2002). *Los lugares que te asustan*. Barcelona: Oniro.

Chödrön, P. (2013). *Cuando todo se derrumba: Palabras sabias para momentos difíciles*. Madrid: Gaia.

Colosimo, K.; Nissim, R.; Pos, A.; Hales, S.; Zimmermann, C.; y Rodin, G. (2017). "Double Awareness" in Psychotherapy for Patients Living With Advanced Cancer». *Journal of Psychotherapy Integration*. 10.1037/int0000078.

Corbí, M. (2007). *Hacia una espiritualidad laica. Sin creencias, sin religiones, sin dioses*. Barcelona: Herder.

Cyrulnik, B. (2005). *El amor que nos cura*. Barcelona: Gedisa.

Cyrulnik, B. (2018). *Psicoterapia de Dios. La fe como resiliencia*. Barcelona: Gedisa.

Dana, D. (2019). *La teoría polivagal en terapia.* Barcelona: Eleftheria.

Didion, J. (2006). *El año del pensamiento mágico.* Barcelona: Global Rhythm Press.

D'Ors, P. (2012). *Sendino se muere.* Barcelona: Fragmenta.

D'Ors, P. (2018). *Biografía del silencio.* Madrid: Siruela.

Dowling Singh, K. (2000). *The Grace in Dying: How we are transformed spiritually as we die.* Nueva York: HarperCollins.

Dzogchen Ponlop (2015). *La mente más allá de la muerte.* Barcelona: Kairós.

Esquerda, M.; y Agustí, A. M. (2012). *El niño ante la muerte.* Lleida: Milenio.

Fenwick, P. y E. (2015). *El arte de morir.* Girona: Atalanta.

Ferrucci, P. (2005). *El poder de la bondad.* Barcelona: Urano.

Fosha, D. (2019). *El poder transformador de los afectos. Modelo para un cambio acelerado.* Barcelona: Eleftheria.

Frankl, V. E. (1996). *El hombre en busca de sentido.* Barcelona: Herder.

Frankl, V. E. (2000). *El hombre doliente.* Barcelona: Herder.

Fuentes, S. (2013). *El silenci dels nens. Com comunicar-se amb els nens i adolescents quan un familiar pateix una malaltia oncològica.* Barcelona: Claret.

García Tejera, S. (2017). *Acompañar: Un paseo por mi trastienda.* Almería: Círculo Rojo.

Gracia, D. (2004). *Como arqueros al blanco. Estudios de bioética.* Madrid: Triacastela.

Gracia, D. (2013). *Construyendo valores.* Madrid: Triacastela.

Garrido, C. (2002). *Te lo contaré en un viaje.* Barcelona: Crítica.

Gawande, A. (2015). *Ser mortal. La medicina y lo que importa al final.* Madrid: Galaxia Gutenberg.

Gil, F. L.; y Breitbart, W. (2013). «Psicoterapia centrada en el sentido: "vivir con sentido". Estudio piloto». *Psicooncología, 10*(2-3), 233-245.

Gil, F. L. (2015). *Counselling y psicoterapia en cáncer.* Barcelona: Elsevier.

Gilligan, C. (2013). *La ética del cuidado.* Barcelona: Fundació Víctor Grifols i Lucas.

Goldbeter-Merinfeld, E. (2003). *El duelo imposible.* Barcelona: Herder.

Gómez, J. (2011). *Cuidar siempre es posible. Cuando los médicos no curan, siempre pueden cuidar.* Barcelona: Plataforma.

Gómez, J. (2014). *La hora de la verdad. Los asuntos que no debes dejar pendientes.* Barcelona: Plataforma.

Grof, S. (2006). *El viaje definitivo. La conciencia y el misterio de la muerte.* Barcelona: Liebre de Marzo.

Grof, S. y C. (2007). *La tormentosa búsqueda del ser.* Barcelona: Liebre de Marzo.

Halifax, J. (2019). *Estar con los que mueren.* Barcelona: Kairós.

Hastings Center (1996). «Goals of medicine: setting new priorities». *Hastings Center Report* 26 (6).

Heath, I. (2009). *Ayudar a morir.* Madrid: Katz.

Hennezel, M. de (1996). *La muerte íntima.* Barcelona: Plaza & Janés.

Herrán, A.; y Cortina, M. (2006). *La muerte y su didáctica. Manual para educación infantil, primaria y secundaria.* Madrid: Universitas.

Hillman, J. (2004). *El sueño y el inframundo.* Barcelona: Paidós.

Hoffman, Y. (2000). *Poemas japoneses a la muerte. Escritos por monjes zen y poetas de haiku en el umbral de la muerte.* Barcelona: DVD ediciones.

Jäger, W. (2002). *La ola es el mar.* Bilbao: Desclée de Brouwer.

Jäger, W. (2007). *La vida no termina nunca.* Bilbao: Desclée de Brouwer.

Jaspers, K. (1958). *Filosofía de la existencia.* Madrid: Aguilar Ediciones.

Jung, C. G. (1964). *Recuerdos, sueños, pensamientos.* Barcelona: Seix Barral.

Jung, C. G. (1993). *Símbolos de transformación.* Barcelona: Paidós.

Jung, C. G. (1995). *El hombre y sus símbolos.* Barcelona: Paidós.

Kabat-Zinn, J. (2006). *Vivir con plenitud las crisis.* Barcelona: Kairós, 2006.

Kapleau, P. (1999). *El zen de la vida y la muerte.* Barcelona: Oniro.

Kearney, M. K.; Weininger, R. B.; Vachon, M. L. S.; Harrison R. L.; y Mount, B. M. (2009). «Self care of physicians caring for patients at the end of life. Being connected... A Key to My Survival». *JAMA*, *301*, 1155-64.

Kearney, M. (1996). *Mortally wounded: Stories of soul pain, death and healing*. Nueva York: Scribner.

Kübler–Ross, E. (1992). *Los niños y la muerte*. Barcelona: Luciérnaga.

Kübler–Ross, E. (2015). *Conferencias: Morir es de vital importancia*. Barcelona: Luciérnaga.

Kübler–Ross, E. y Kessler, D. (2016). *Sobre el duelo y el dolor*. Barcelona: Luciérnaga.

Labonté, M. L. (2010). *El acompañamiento de almas*. Barcelona: Luciérnaga.

Laín Entralgo, P. (1983). *La relación médico-enfermo*. Madrid: Alianza.

Levine, S. y O. (2018). *¿Quién muere? Sobre el vivir y el morir consciente*. Madrid: Rigden.

Lewis, C. S. (1994). *Una pena en observación*. Barcelona: Anagrama.

Longaker, C. (2007). *Para morir en paz*. Barcelona: Rigden.

Lukas, E. (2001). *Paz vital, plenitud y placer de vivir*. Barcelona: Paidós.

Lukas, E. (2003). *Logoterapia. La búsqueda de sentido*. Barcelona: Paidós.

Llorca, B. (2009). *Una guia de la mort per a budistes*. Barcelona: CCEB (Coordinadora Catalana d'Entitats Budistes).

Mannix, K. (2018). *Cuando el final se acerca*. Madrid: Siruela.

Manrique, M. A. (2018). *Arte, naturaleza y espiritualidad. Evocaciones taoístas*. Barcelona: Kairós.

Maté, J.; Bayés, R.; González-Barboteo, J.; Muñoz, S.; Moreno, F.; y Gómez-Batiste, X. (2008). «¿A qué se atribuye que los enfermos oncológicos de una unidad de cuidados paliativos mueran en paz?». *Psicooncología*, *5*(2-3), 303-21.

Maté-Méndez, J.; González-Barboteo, J.; Calsina-Berna, A.; Mateo-Ortega, D.; Codorniu-Zamora, N.; Limonero-García, J. T.; Trelis-Navarro, J.; y Gómez-Batiste, X. (2013). «The Institut Català d'Oncologia Model of Palliative Care: An integrated and comprehensive framework to address the essential needs of patients with advanced cancer». *Journal of Palliative Care, 29*(4): 237-43.

Maté, J. (2014). *Sufrimiento en el paciente oncológico al final de la vida.* (Tesis doctoral no publicada). Barcelona: Universitat Autònoma de Barcelona.

Meier, E. A.; Gallegos, J. V.; Montross-Thomas, L. P.; Depp, C. A.; Irwin, S. A.; y Jeste, D. V. (2016). «Defining a Good Death (Successful Dying): Literature Review and a Call for Research and Public Dialogue». *The American Journal of Geriatris Psychiatry, 24*(4), 261-71.

Melloni, X. (2015). *Sed de ser.* Barcelona: Herder.

Monforte-Royo, C.; Villavicencio-Chávez, C.; Tomás-Sábado, J.; Mahtani-Chugani, V.; y Balaguer, A. (2012). «What Lies behind the Wish to Hasten Death? A Systematic Review and Meta-Ethnography from the Perspective of Patients». *PLoS ONE* 7(5): e37117.

Morin, E. (1974). *El hombre y la muerte.* Barcelona: Kairós.

Mount, B.; Boston, P. H.; Cohen, S. R. (2007). «Healing connections: On moving from suffering to a sense of well-being», *J of Pain Sym Man., 33, 372-88.*

Mount, B; y Kearney, M. (2003). «Healing and palliative care: Charting our way forward». *Pall Med, 17, 657- 8.*

Namkhai Norbu, C. (2018). *El espejo. Sobre la presencia y la consciencia.* Barcelona: Kairós.

Neimeyer, R. A. (2002). *Aprender de la pérdida.* Barcelona: Paidós.

Nooteboom C. (2007). *Tumbas de poetas y pensadores.* Madrid: Siruela.

Nowen, H. (1971). *El sanador herido.* Madrid: PPC.

Onnis, L. (1997). *La palabra del cuerpo.* Barcelona: Herder.

Odgen, P.; Minton, K.; y Pain, C. (2009). *El trauma y el cuerpo.* Bilbao: Desclée de Brouwer.

Ostaseski, F. (2017). *Las cinco invitaciones.* México: Océano.

Payás, A. (2015). *Las tareas del duelo.* Barcelona: Paidós.

Payás. A. (2014). *El mensaje de las lágrimas*. Barcelona: Paidós.

Pedrosa, E. (2015). *Seguiremos viviendo*. Barcelona: Ara Llibres.

Pérez Jiménez, J. C. (2015). *Días de vida. Conversaciones con Joan Hunt*. Madrid: Plaza y Valdés.

Poch, C.; y Herrero, O. (2003). *La muerte y el duelo en el contexto educativo*. Barcelona: Paidós.

Porta-Sales, J.; Crespo, I.; Monforte-Royo, C.; Marín, M.; Abenia-Chavarria, S.; y Balaguer, A. (2019). «The clinical evaluation of the wish to hasten death is not upsetting for advanced cancer patients: A cross-sectional study». *Palliative Medicine, 33*(6), 570-577.

Powell, B.; Cooper, G.; Hoffman, K.; y Marvin, B. (2019). *La intervención del círculo de seguridad*. Barcelona: Eleftheria.

Puchalski, C.; *et al.* (2011). «La mejora de la calidad de los cuidados espirituales como una dimensión de los cuidados paliativos: el informe de la Conferencia de Consenso». *Medicina Paliativa, 18*(1), 20-40.

Redondo-Elvira, T.; Ibáñez-del-Prado, C.; y Barbas-Abad, S. (2017). «Espiritualmente resilientes. Relación entre espiritualidad y resiliencia en cuidados paliativos». *Clínica y Salud, 28*(3), 117-21.

Renz, M.; Shuett Mao, M.; Bueche, D.; Cerny, T.; y Strasser, F. (2012). «Dying is a Transition». *American Journal or Hospice & Palliative Medicine, 30*(3), 283-90.

Renz, M.; Schuett Mao, M.; Omlin, A.; Bueche, D.; Cerny, T.; y Strasser, F. (2013). «Spiritual Experiences of Trascendence in Patients With Advanced Cancer». *American Journal of Hospice & Palliative Medicine, 32*(2), 178-188.

Renz, M. (2015). *Dying. A transition*. Nueva York: Columbia University Press.

Renz, M.; Reichmuth, O.; Bueche, D.; Traichel, B.; Shuett Mao, M.; Cerny, T.; y Strasser, F. (2018). «Fear, Pain, Denial and Spiritual Experiences in Dying Processes». *The American Journal of Hospice & Palliative Care, 35*, 478-91.

Reoch, R. (1998). *Morir bien. Una guía para afrontar con valor y dignidad la experiencia de la muerte*. Barcelona: Oniro.

Rodríguez Fernández, M. I. (2011). «Sentido de la vida en las crisis». *NOUS. Boletín de Logoterapia y Análisis Existencial*, *15*, 21-33.

Robertson, R. (1998). *Arquetipos junguianos.* Barcelona: Paidós.

Rogers, C. R. (1972). *El proceso de convertirse en persona.* Barcelona: Paidós.

Rolland, J. S. (2000). *Familias, enfermedad y discapacidad.* Barcelona: Gedisa.

Rothschild, B. (2009). *Ayuda para el profesional de la ayuda. Psicofisiología de la fatiga por compasión y del trauma vicario.* Bilbao: Desclée de Brouwer.

Rothschild, B. (2015). *El cuerpo recuerda.* Barcelona: Eleftheria.

Rosen, S. (2009). *Mi voz irá contigo. Los cuentos didácticos de Milton H. Erickson.* Barcelona: Paidós.

Rufino, M. (2015). *Las necesidades espirituales como elementos en el bienestar del paciente paliativo.* (Tesis doctoral no publicada). Barcelona: Universitat Autònoma de Barcelona.

Sabato, E. (2002). *Antes del fin.* Barcelona: Seix Barral.

Satir, V. (1998). *En contacto íntimo.* Madrid: Neo Person.

Satyananda Sarawasti (2019). *Viveka. El discernimiento entre lo real y lo no real. / Vairagya. El desapego.* Barcelona: Ediciones Advaitavidya.

Saunders, C. (2011). *Velad conmigo.* Barcelona: Obra Social la Caixa.

Sluzki, C. E. (2011). *La presencia de la ausencia.* Barcelona: Gedisa.

Smith, R. (2015). *Aprender de la muerte.* Alicante: Ediciones Dharma.

Sogyal Rimpoché (2006). *El libro tibetano de la vida y de la muerte.* Barcelona: Urano.

Sölle, D. (2009). *Mística de la muerte.* Bilbao: Desclée de Brouwer.

Stedeford, A. (1994). *Facing death: Patients, families and professionals.* Oxford: Sobell Publications.

Stroebe, M.; y Schut, H. (1999). «The dual process model of coping with bereavement: Rationale and description». *Death Studies*, *23*, 197-224.

Tagore, R. (1999). *La morada de la paz. Una guía poética y espiritual.* Barcelona: Oniro.

Tan, A.; Zimmermann, C.; y Rodin, G. (2005). «Interpersonal processes in palliative care: an attachment perspective on the patient-clinician relationship». *Palliative Medicine, 19,* 143-150.

Thich Nhat Hanh (2018). *La muerte es una ilusión.* Barcelona: Zenit.

Thich Nhat Hanh (2021). *Hacia la paz interior.* Barcelona: Debolsillo.

Tizón, J. L. (2013). *Pérdida, pena, duelo.* Barcelona: Herder.

Tolstói, L. (1884). *La muerte de Iván Illich.* Madrid: Alianza.

Torralba, F. (2010). *Inteligencia espiritual.* Barcelona: Plataforma.

Van der Kolk, B. (2017). *El cuerpo lleva la cuenta. Cerebro, mente y cuerpo en la superación del trauma.* Barcelona: Eleftheria.

Van Lommel, P. (2013). *Consciencia más allá de la vida.* Girona: Atalanta.

Varela, F. J. (2009). *Dormir, soñar y morir: Una exploración de la consciencia con el Dalai Lama.* Madrid: Gaia.

Viel, S. (2019). *Soledad existencial al final de la vida.* (Tesis doctoral no publicada). Barcelona: Universitat Autònoma de Barcelona.

Walsh, F. (2004). *Resiliencia familiar. Estrategias para su fortalecimiento.* Buenos Aires: Amorrortu.

Watzlawick, P (2014). *No es posible no comunicar.* Barcelona: Herder.

Welwood, J. (2002). *Psicología del despertar: budismo, psicoterapia y transformación personal.* Barcelona: Kairós.

Worden, J. (2002). *El tratamiento del duelo: asesoramiento psicológico y terapia.* Buenos Aires: Paidós.

Yalom, I. D. (2017). *La cura de Schopenhauer.* Barcelona: Destino.

Yalom, I. D. (2018). *El don de la terapia.* Barcelona: Destino.

Yalom, I. D. (2021). *Mirar al sol: superar el miedo a la muerte para vivir con plenitud el presente.* Barcelona: Destino.

Zuniga, G. (2010). *Está todo ahí. Mística cotidiana.* Bilbao: Desclée De Brouwer.

Ecosistema digital

Floqq
Complementa tu lectura con un curso o webinar y sigue aprendiendo.
Floqq.com

Amabook
Accede a la compra de todas nuestras novedades en diferentes formatos: papel, digital, audiolibro y/o suscripción.
www.amabook.com

Redes sociales
Sigue toda nuestra actividad. Facebook, Twitter, YouTube, Instagram.

EDICIONES URANO